Paul Coutinho

Heilige Dunkelheit

Paul
COUTINHO

Heilige Dunkelheit

Finde die Göttliche Liebe
in den dunkelsten Winkeln
des Lebens

Aus dem Englischen
von Robert Cathomas und
Helga Jacobsen

Chalice Verlag

Die Originalausgabe erschien
2012 bei Loyola Press, Chicago, IL, USA
unter dem Titel *Sacred Darkness –
Encountering Divine Love in Life's Darkest Places*

Deutsche Erstausgabe

Buchgestaltung: Robert Cathomas
Herstellung: BoD – Books on Demand GmbH
Printed in Germany

ISBN 978-3-942914-25-3

Dem Ewigen Geist gewidmet,
der im Kern unseres Wesens wohnt,
und all jenen, deren Weisheit und Unterstützung
ich in meinen dunklen Lebensphasen
erfahren durfte

Inhalt

Teil eins

Allumfassende Dunkelheit

Die Menschen
sehnen sich von Natur aus nach Licht
und versuchen, dem Dunkel zu entkommen.
Tatsächlich neigen wir dazu, Dunkelheit
mit Unheil gleichzusetzen.
Doch die spirituell Weisen unter uns
haben immer gewusst, dass im Kern unseres Menschseins
– und in unseren höchst Göttlichen Ursprüngen –
eine unergründliche Dunkelheit wohnt
und ihr notwendiges Werk vollbringt.
Im Dunkel lernen wir die Stille und das Heilige kennen;
in der Dunkelheit findet eine Begegnung mit Gott
jenseits des gewöhnlichen Verstehens statt –
unbeschreiblich und formlos.
Im Herzen menschlicher Erfahrung liegt eine Schönheit,
die unermesslich, geheimnisvoll
und umfassend ist.

I

Im Anfang...

Die Dunkelheit im Innersten der Schöpfung findet ihr Gegenstück in der Dunkelheit, die im Kern von uns allen wohnt.

LEBEN BEGINNT IN DUNKELHEIT UND ENDET IN DUNkelheit. Im Anfang existierte nur Dunkelheit. Gemäß der Bibel und gemäß der Wissenschaft ist es diese Dunkelheit, diese Leere und dieses Nichts, woraus die gesamte Schöpfung ins Sein tritt. Dunkelheit ist ein Mysterium: Sie ruft Neugier und Angst vor dem Unbekannten hervor und führt uns gleichzeitig in die Umarmung der Wirklichkeit. Diese Wirklichkeit ist überall um uns herum und voller existenzieller Wahrheiten des Lebens.

Die heilige Geschichte besagt: Die Erde war leer und ohne Form, und Dunkelheit bedeckte das Angesicht der Tiefe. Aus dieser Dunkelheit heraus befahl Gott die Enthüllung des Lichts. Dieses Licht war nicht das Licht von Sonne oder Mond; es war das Licht, das *aus der Dunkelheit heraus*kam. Dieses Licht ist ein fester und grundlegender Bestandteil der Dunkelheit. Diese Dunkelheit im Innersten der Schöpfung findet ihr Gegenstück in der Dunkelheit, die im Kern von uns allen wohnt.

Oft erkennen wir in den dunklen Augenblicken und in den Kämpfen unseres Lebens die Schönheit und die Kraft, die tief in uns liegen. Diese Dunkelheit wirft Licht auf unsere äußere Welt; sie hilft uns nicht nur, die schmerzvollen Momente unseres Lebens auszuhalten, sondern diese auch erfolgreicher und vollständiger zu durchleben. Dieses Licht kommt aus dem Dunkel unseres Innersten. Es ist dieses Licht – das Licht innerhalb der dunklen Höhle unseres Wesens –, welches uns zurück zum eigentlichen Ursprung des Lebens zieht. In der dunklen Höhle unseres Wesens, wo Gott wahrhaftig wohnt, gibt es Trost, herrscht Frieden und ist Kraft.

2

Dunkelheit und das reinere Schauen

IN DER DUNKELHEIT ERFAHREN WIR DAS UNVERFÄLSCHTE Leben. Was wir im äußeren Licht wahrnehmen, ist entweder durch unsere Voreingenommenheit oder durch irgendein von uns entwickeltes Gedankenkonzept gefärbt. Wenn wir nicht aufpassen, sehen wir das Leben nicht so, wie es ist, sondern so, wie wir sind. Wirklichkeit, wie wir sie kennen, ist oftmals durch unsere Erfahrungen, unsere Familientraditionen, unsere Religion, unsere Kultur sowie durch viele andere menschliche Faktoren geprägt.

Doch im Dunkel verhalten wir uns zu anderen Menschen als Wesen unbeeinflusst von ihrem Geschlecht, ihrer Herkunft, ihrer Kultur oder ihrer Religion. In der Dunkelheit erfahren wir eine Verbundenheit mit allen. Dass dies zutrifft, erkennen wir beispielsweise in Zeiten von Katastrophen, egal ob es sich dabei um persönliche, gemeinschaftliche oder naturbedingte handelt. Wenn wir krank sind, akzeptieren wir Blutspenden von Menschen jeglicher Herkunft, Religion oder Kultur. Wir vertrauen uns den besten Ärzte an und ignorieren deren Hautfarbe, deren Glaube oder deren sexuelle Orientierung. Vor einigen Jahren brach die Elektrizität in Saint Louis für einige Tage zusammen. Es war erstaunlich, wie sich Nachbarn in dieser Zeit der Dunkelheit zum ersten Mal als Individuen kennenlernten und einander von Mensch zu Mensch die Hand reichten. Jetzt ordneten wir Leuten Namen zu, die wir bisher nur anhand der Hunde unterschieden hatten, die sie jeden Tag ausführten. Bald schon wurden Nachbarschaftsfeste geplant. Fluten, Dürren, Orkane und Taifune haben häufig genau diesen Effekt: Sie vermenschlichen die Leute und lassen ein globales Dorf entstehen.

Es gibt eine indische Geschichte über einen Heiligen, der am Eingang einer Höhle saß und versprach, jeder, der eintrete, würde Gott von Angesicht zu Angesicht sehen. Massen strömten zur Höhle, nur um die wichtige Voraussetzung dieses Versprechens zu erfahren: jene, die Gott direkt sehen wollten, mussten sich ihre Augen herausreißen lassen, bevor sie die Höhle betreten durften.

In der Dunkelheit begegnen wir Gott als Gott, ohne Ihn nach unserem Ebenbild und Gleichnis zu gestalten. Im Dunkel verlieren die einzelnen Religionen ihr Monopol auf Gott. Dogmatismus und interreligiöse Kriege werden überflüssig oder bedeutungslos. Wenn wir uns unserer vielfarbigen Filter entledigen, macht sich der menschliche Geist auf die Suche nach dem einen wahren Gott. Tatsächlich reinigt Dunkelheit unser Schauen – und einige unserer anthropomorphen Vorstellungen über Gott fangen an zu verblassen. Dann können wir beginnen, Gott als Gott zu erfahren.

3

Die Dunkelheit, das Wort und das *Om*

Je tiefer wir das Unterbewusste und Unbewusste ergründen, desto dunkler und wirklicher wird das Leben.

VIELLEICHT ENTDECKEN WIR GOTT ALS LOGOS, ALS DAS Wort. Eine der hebräischen Auslegungen des Logos ist: mit Kraft beauftragte Energie. Am Anfang war diese Energie bei Gott; diese Energie *war* Gott (Johannes 1.1). Gemeint ist damit jene Energie, die über der uranfänglichen Dunkelheit schwebte und durch das Hineingießen Göttlicher Essenz in die gesamte Schöpfung eine neue und wunderschöne Welt hervorbrachte. Es ist dieselbe Göttliche Energie, die Gott in Sie und mich hineinatmet, die uns zu Menschen werden lässt und uns als Göttlicher Atem Identität verleiht (Genesis 2).

Eine der Schöpfungsgeschichten aus dem Osten kommt der biblischen Erzählung sehr nahe: »Am Anfang war nur der Herr des Universums. Sein Wort war bei Ihm. Dieses Wort war Ihm untergeordnet. Er kontemplierte und sagte: ›Ich will dieses Wort überbringen, sodass es diese ganze Welt erschafft und ins Sein bringt‹« (*Tandya Maha Brahmana*, 20.14.2). Am Anfang war die Welt ein riesiger dunkler Ozean, der an die Ufer des Nichts brandete. Aus den Tiefen des dunklen Wassers begann der Klang des *Om* (ausgesprochen als *aum*), sich seinen Weg durch die Gewässer zu bahnen und erfüllte die Leere der Welt mit pulsierender Energie. Wie der Logos hat diese schöpferische Energie weder Anfang noch Ende. *Om* war bei Gott und war Gott.

Om ist das Symbol des Absoluten, des Allmächtigen, des Allgegenwärtigen und der Quelle jeglichen Seins. *Om* ist die Lebensenergie, die in jedem unserer Atemzüge strömt und alles Leben durchdringt. Es ist die eine ewig währende Silbe, die mehr als ein Wort ist; es ist eine Intonation. Es ist der elementarste Klang der Welt und enthält jeden anderen Klang. Angestimmt, ist er wie Musik, die die Grenzen zwischen Alter, Herkunft, Kultur, ja sogar Spezies durchdringt. Wird er auf dem richtigen Ton wiederholt, findet er im ganzen Körper Resonanz, sodass der Klang zum Kern eines Menschen vordringt. Dieser einfache, doch zutiefst heilige Klang erzeugt Harmonie, Frieden und Glückseligkeit. Er trägt den Verstand über die profane Welt hinaus und lässt gleichzeitig das Absolute greifbarer und nachvollziehbarer werden. Wenn wir das *Om* erklingen lassen, erzeugen wir in uns eine Schwingung im Einklang mit der kosmischen Vibration. Die kurze Stille zwischen den Klängen wird spürbar. Der Verstand bewegt sich zwischen der Wirklichkeit von Klang und Stille, bis der Klang *in* die Stille *hinein* verklingt. In dieser Stille gibt es keinen Gedanken; es ist ein Zustand, in dem über Geist und Verstand hinausgegangen wird, während sich das individuelle Selbst mit dem unendlichen Selbst vereint.

Stellen Sie sich den Menschen als ein Wesen auf drei Ebenen vor: auf der bewussten, auf der unterbewussten und auf der innersten, die unser Unbewusstes ist. Die bewusste Ebene oder die Oberfläche ist immer im Fluss und verausgabt eine Menge Energie. Je tiefer wir das Unterbewusste und Unbewusste ergründen, desto dunkler und wirklicher wird das Leben. Auf der tiefsten, dunkelsten Ebene finden wir die Stabilität – und die Lebendigkeit – von Logos und *Om*. Aus diesen dunkelsten Tiefen in uns strömt die heilige Lebensenergie und erzeugt kontinuierlich neues Leben. Wir können es uns folgendermaßen vorstellen: Wir atmen Energie aus dem Universum ein, und während diese sich durch die dunklen Untiefen in uns bewegt, wird sie zur Lebenskraft. Wenn wir ausatmen, erfolgt ein kleines Sterben, durch das Raum für etwas Neues geschaffen wird.

4

Dunkelheit als Quelle des Lebens

DIE ERSTEN PHASEN DES LEBENS SIND FRAGIL, UND DIE Dunkelheit besitzt die erstaunliche Fähigkeit, dieses neue Leben zu nähren. Der Mensch nimmt seinen Anfang in der Dunkelheit und der Intimität des Mutterleibs. In dieser heiligen Stätte wird das neue Leben genährt. Es wächst, und der Göttliche Atem verwurzelt sich im Lehmkörper des Babys (siehe Genesis 2). Schließlich ist das Baby kräftig genug, ins Licht der äußeren Welt einzutreten – wenngleich am Ende dieser Körper sterben und in die Dunkelheit der Erde zurückkehren wird.

Alle anderen Lebewesen und Bereiche der Schöpfung werden wie die Menschen im Dunkel genährt und gestärkt, bis sie für das Licht bereit sind. Im Mysterium der Dunkelheit wird Göttliche Energie in jedes Geschöpf gegossen, und so wird die ganze Schöpfung zum Tempel Göttlicher Gegenwart und Essenz (Ignatius: *Geistliche Übungen* 39).

Die Pracht der mächtigen Eiche entwickelt sich aus einem Samen, der in das Dunkel der Erde gepflanzt wurde. Jede Blume, ganz unabhängig von ihrer Größe, kann sich ihren Weg durch das dunkle Erdreich bahnen und zart und wunderschön emporwachsen. Der Schmetterling bildet sich in der Dunkelheit des Kokons, bis er als schönes, mit Flügeln ausgestattetes Geschöpf ins Licht aufbricht. Und die meisten der kostbaren Stoffe und Mineralien werden im Schoß der Erde sorgsam verborgen und beschützt; sogar die Perle wird in der Dunkelheit einer Austernschale geformt.

Bis sich die Menschheit die Elektrizität nutzbar machte, verfügten wir über wenige Möglichkeiten, die Finsternis zu kontrollieren, und wir entwickelten Ehrfurcht vor der Heiligkeit des Dunkels. Dunkelheit verbirgt alles Äußere und zieht uns ins Innere unseres Selbsts und jenseits davon. Die im Tageslicht verbrauchte Lebensenergie wird während der Nacht nachgetankt. Am Ende des Tages gleiten wir von der Geschäftigkeit in die Dunkelheit des Schlafs und werden wiederbelebt.

Der jüdische Sabbat und andere Feiertage beginnen am Abend, wenn die Sonne untergeht. Die Hebräer begannen jeden neuen Tag mit dem Sonnenuntergang; so finden der Tag und das jüdische Gemeindeleben ihren Anfang mit der Dunkelheit. Die Hebräer schienen zu verstehen, dass die Grundlage des Seins das Dunkel ist. Kein Mensch wird zu den Tiefen seines Selbsts finden, solange er sich nicht in der Dunkelheit zuhause fühlt. Dunkle Orte sind wie Durchgänge. Wenn wir diese Zeiten des Durchgangs richtig nutzen, werden wir für die nächste Etappe unserer Reise neue Lebenskraft und Energie finden.

5

Tod und Dunkelheit

Gott, Dessen Göttlicher Atem uns Leben verlieh,
wird uns mit ebendiesem Atem erhalten, wenn wir
in aller Ewigkeit leben werden.

IN VIELERLEI HINSICHT SCHEINT DER TOD DER DUNkelste Augenblick unseres Lebens zu sein. Angesichts von Sterben und Tod neigen wir dazu, uns ziemlich hilflos zu fühlen.

William Shakespeare staunte darüber, wie die Menschen den Tod fürchten, der doch, wie er glaubte, zur festgesetzten Zeit für jeden Menschen kommen wird. Unsere Angst zu sterben, wird nicht verhindern, dass der Tod kommt. Sie hilft uns aber auch nicht, unser Leben voll und ganz zu leben. Deshalb rief Shakespeare bekanntermaßen aus: »Der Feige stirbt schon vielmal, eh er stirbt; die Tapferen kosten einmal nur den Tod« (*Julius Caesar,* zweiter Akt, zweite Szene).

Es gibt eine Geschichte über einen Mann, der mit einer seltenen Krankheit darniederlag. Die Ärzte hatten ihm noch drei Jahre zu leben gegeben. Nachdem er sich mit dieser Tatsache abgefunden und den sich abzeichnenden Tod akzeptiert hatte, begann er, auf eine Weise zu leben, wie er es nie zuvor getan hatte. Als Erstes ging er all seine materiellen Besitztürmer durch und nahm sich Zeit, die Bedeutung seiner Sachen sowie die Menschen, die mit jeder davon in Verbindung standen, zu würdigen. Danach verschenkte er sein Eigentum, Stück für Stück, in großer Dankbarkeit. Er dachte über sein Leben nach und verzieh sich seine Fehler und Versäumnisse. Er versöhnte sich mit den Menschen, die ihn verletzt oder ungerecht behandelt hatten. Er gestand seine eigene Schuld ein, doch peinigte er sich selbst nicht für das, was in der Vergangenheit geschehen war. Er lebte sein Leben in großer Geduld, im Einvernehmen und im Mitgefühl. Wenig regte ihn, wenn überhaupt, jetzt noch auf – egal ob Zorn, Verletzungen oder Eifersucht. Er lebte sein Leben frei, voll und glücklich.

Aber nachdem ein Jahr vergangen war, meldeten sich in großer Aufregung die Ärzte bei ihm. Sie bestellten ihn in ihre Praxis und teilten ihm mit, gegen seine bisher als unheilbar geltende Krankheit sei eine Therapie entdeckt worden. Als der Mann diese Nachricht hörte, brach er zum Erstaunen der Ärzte zusammen und weinte bitterlich in Trauer und Schmerz. Er fragte sich, ob er fähig wäre, sein Leben weiterhin so frei und glücklich zu leben – oder würde er nun, da ihm anscheinend wieder unbegrenzte Zeit gegeben war, schon bald in seine alten Muster zurückfallen?

Als jesuitische Novizen feierten wir jeden ersten Sonntag des Monats die Andacht »Bereitung zum Sterben«. Wir stellten uns unseren Tod vor: die Menschen, die um unseren toten Körper herumstanden, die Dinge, die sie sagen würden, unsere Beerdigung in all ihren Einzelheiten. Besondere Aufmerksamkeit richteten wir darauf, wie die Menschen Bedeutung und Botschaft unseres Lebens zusammenfassen würden. Indem wir uns der Wirklichkeit des Todes stellten, wurden wir dazu inspiriert, unsere Leben so vollständig wie nur irgend möglich zu leben – und auf die Art, wie wir uns wünschten, man möge sich an uns erinnern. Wir gewöhnten uns an zu denken, jeder Tag könnte der letzte unseres Lebens sein. Und wenn wir diese Wirklichkeit tief in unserem Bauch spürten, schätzten wir jeden Augenblick des Tages und gaben unser Bestes.

Tatsächlich ist der Tod der entscheidende und sicherste Türöffner zum Leben. Wenn jemand stirbt, können wir ihm in diesem Prozess beistehen, indem wir dafür sorgen, dass es an der Oberfläche zu keinen Störungen und Misstönen kommt. Wir helfen den Menschen aufzuhören, gegen den Tod anzukämpfen, und mit dem Leben weiterzureisen. Wir lockern das Klammern an jene vergänglichen Illusionen des Lebens: materielle Besitztümer, Arbeit, Titel, sogar an die Menschen, die uns auf unserer Lebensreise als Gaben geliehen wurden. Wir gelangen zu einer Erkenntnis über die Essenz des Lebens – nämlich, dass Gott, Dessen Göttlicher Atem uns Leben verlieh, uns mit ebendiesem Atem erhalten wird, wenn wir in aller Ewigkeit leben werden.

Wenn wir einen geliebten Menschen sterben sehen, vergießen wir vielleicht viele Tränen. Doch manchmal erblicken wir durch diese Tränen hindurch einen Regenbogen, den wir nicht erwartet haben. Der Schatz am Ende des Regenbogens – der Schatz, den wir in der Dunkelheit finden – liegt im

Verständnis, dass der Tod zwar das Ende des physischen Lebens ist, doch nicht das Ende der Verbundenheit.

Es gibt eine andere Geschichte über einen Baseball-Fan, der von einem Engel Besuch erhielt. Der Engel erzählte ihm viel über Gott und das Leben nach dem Tod. Der Mann hörte aufmerksam zu und fragte den Engel dann ziemlich schüchtern, ob es im Himmel denn auch Baseball gäbe. Für diesen begeisterten Sport-Fan war der Himmel ohne Baseball nicht vollkommen. Der Engel begann, die großen Felder und aufregenden Baseball-Spiele zu beschreiben, die sie im Himmel spielten. Und in demselben lebhaften Ton kündigte er dem Fan an, am nächsten Tag sei er an der Reihe, dort den Ball zu werfen.

Wenn Sie morgen als Pitcher dran wären, wären Sie zum Wurf bereit?

6

Die Dunkelheit, in der wir das Göttliche lobpreisen

IN VERSCHIEDENEN HEILIGEN SCHRIFTEN WIRD GOTTES Wohnstätte »das Allerheiligste« genannt. Dies ist der unantastbarste und intimste Ort, an dem die Stimmung still und friedlich ist. Dieses *sanctum sanctorum* ist oft dunkler als die anderen Bereiche im Raum der Gottesverehrung. Im Judaismus ist dieser Ort das innerste Heiligtum des Tabernakels und des Tempels.

Am wirkungsvollsten versinnbildlicht wird das *sanctum sanctorum,* oder das Allerheiligste, in den traditionellen Hindu-Tempeln. Die meisten dieser Gebäude verfügen am Eingang über ein aus schwarzem Stein gemeißeltes heiliges Symbol, das auf den heiligen oder Göttlichen Raum hinweist. Außerhalb des Tempels ist häufig eine quadratische Zisterne angelegt, an der die Gläubigen, die von den entferntesten Orten her anreisen, Körper, Verstand und Herz reinigen können, bevor sie den Tempel betreten. Das Wasser in der Zisterne ist die ganze Zeit über im Fluss, damit es seine Reinheit behält und die Menschen daran erinnert, wie wichtig es ist, im spirituellen Leben und in unserer Beziehung zu Gott beweglich zu bleiben. Nach der Reinigung betreten Pilger und Gläubige barfuß den Tempel – als Zeichen, dass sie die Verunreinigungen der Welt vor der Tür gelassen haben, und auch als Symbol dafür, dass sie nun leer und frei sind, die Göttliche Gegenwart zu empfangen. Während sie sich auf den innersten Teil des Tempels zubewegen, gehen sie an Kerzen, Räucherwerk und vielen Gottesdarstellungen vorüber und das Licht schwindet nach und nach, bis sie das *garbha gudi,* den »kosmischen Schoß« betreten. In der Dunkelheit dieses *sanctum sanctorum* erfahren die Gläubigen die tiefste Innigkeit mit dem Göttlichen. Sie erfahren die *darshan* Gottes, was bedeutet, eine Vision Gottes zu sehen und von Gott gesehen zu werden. Die Ähnlichkeiten zwischen dieser Hindu-Erfahrung und dem christlichen Osterfest, bei dem die Göttliche Präsenz mit der dunklen, jedoch transformativen Leere eines Grabes verbunden wird, sind leicht zu erkennen.

Die muslimische Moschee oder *masdschid* ist ein Ort der Niederwerfung oder des Verbeugens vor dem Göttlichen. Während die Muslime sich einer Moschee nähern, bietet sich ihnen der Anblick von Minaretten und Kuppeln. Der Ruf zum Gebet ertönt vom Minarett, dem höchsten Punkt der Moschee. Das Minarett zeigt himmelwärts und erinnert diejenigen, die die Moschee betreten, daran, Herz und Verstand auf Gott zu richten. Außerhalb der Moschee gibt es Waschgelegenheiten für die rituellen Reinigungen. Nachdem sich die Gottesdienstbesucher gewaschen haben, sind sie bereit dafür, dass Gott Sich ihnen auf jedwede Art nähern kann. Sie betreten die Gebetshalle barfuß und sind darauf eingestellt, sich einige Male zu verbeugen, um Herz, Verstand und Seele zu leeren, sodass Gott jeden Teil ihres Wesens erfüllen kann.

Das helle Licht der Welt draußen verblasst, während sich die Menschen in die Gebetshalle bewegen. Oft sind diese Gebetshallen schmucklos gehalten, damit sich der Fokus der Gläubigen auf Gott, und nur auf Gott, richtet. Aus diesem Grund beten Männer und Frauen in den Moscheen getrennt voneinander. Im Mittelpunkt der Gebetshalle steht die *mihrab,* eine Nische in der Mauer, die in die *qibla* (die Richtung) der heiligen Kaaba zeigt, einem schwarzen Würfel in Mekka in Saudi Arabien, dem Hauptort des Islams. Während der Haddsch, der heiligen Pilgerreise nach Mekka, umkreisen die Gläubigen die Kaaba sieben Mal. Durch die Dunkelheit dieses schwarzen Würfels erfahren Muslime sowohl die innere Reinigung als auch die Vereinigung mit dem Göttlichen. Im Koran heißt es, dass sich die Muslime bei der Verrichtung ihrer täglichen fünf Gebete mit dem Gesicht in Richtung der heiligen Kaaba wenden sollen. Dies verbindet die Herzen der Gläubigen, und wenn sie wahrhaftig an Gott glauben und sich von Gott führen lassen, wird die Göttliche Gunst in jeden von ihnen ausgegossen werden. Das ist der Grund, warum Muslime sich in ihren Gebeten in Richtung der heiligen Kaaba wenden. Symbolisch werden sie so zu einer eng verwobenen Gemeinschaft, in der im Gebet alle gleich sind. Die Muslime begraben ihre Toten mit dem Kopf in Gebetsrichtung zur heiligen Kaaba.

Es scheint recht eigentümlich, anzunehmen, Gottes Wohnstätte sei totale Finsternis. In heiligen Texten wie auch in verschiedenen religiösen Lehren wird Gott oftmals als Licht dargestellt. Und dennoch wurde die heilige Dunkelheit – in jüdischen Synagogen, christlichen Kirchen, Hindu- und Buddha-Tempeln oder muslimischen Moscheen – zum Symbol für Gottes Wohnstätte.

7
Der Gott der Israeliten wohnte im Dunkel

Die Dunkelheit selbst zieht uns hinein in eine persönliche Vereinigung und Vertrautheit mit der Göttlichen Präsenz.

IN DER BIBEL GIBT ES ZAHLREICHE ANSPIELUNGEN, DIE uns mit der Wirklichkeit der Göttlichen Dunkelheit in Erstaunen versetzen. So erfahren wir, dass Gott am helllichten Tag als dicke dunkle Wolke erscheint und in Anwesenheit des Volkes zu Moses spricht (Exodus 19.16–19). In der Dunkelheit dieser großen Wolke schmelzen die Ängste und Unsicherheiten von Moses dahin; die weltlichen Stimmen, die ihn hin- und herzerren oder ablenken könnten, vermögen nicht, diese Wolke zu durchdringen. Wenn unsere Leben in Dunkelheit gehüllt sind, wie im Falle von Moses, ist die einzige Stimme, die wir hören können, die Stimme Gottes. Die einzige Botschaft, die wir dann weitergeben, ist jene, die wir von Gott empfangen.

Zu anderen Zeiten schwebte Gott auf den Fittichen des Windes und wohnte in einem Gewölbe aus Dunkelheit (2 Samuel 22.10–12; Psalm 18.11). Als der Wind sich in ein Firmament von Dunkelheit verwandelte, wurde er am mächtigsten. Dies ist eine Einladung, auf den Schwingen des Windes zu schweben und allen Ballast hinter sich zu lassen: unser materielles Durcheinander, zusammen mit unseren psychologischen und emotionalen Erfahrungen positiver wie auch negativer Natur und unseren weltlichen und religiösen Lehren und Philosophien. Dann können wir befreit und hoch oben auf den Schwingen des Geistes fliegen und diesen

Geist als unser alleiniges Leitprinzip und führende Kraft wirken lassen. Und so können wir in jenem Firmament aus Dunkelheit leben, wo Gott Sich aufhält.

Auch Salomo erklärte, Gott wohne im Dunkel (1 Könige 8.12; 2 Chronik 6.1). Es sind die dunkelsten Momente, in denen wir die Weisheit der Unterscheidung zwischen den ewigen und den flüchtigen Aspekten des Lebens müheloser erfahren können.

Gott schloss mit Abraham einen Bund im Dunkel der Nacht. Für das Volk wurde Er mitten in der Nacht als Feuersäule sichtbar. In solcher Dunkelheit ist es unmöglich, Gott an Geschlecht, Farbe oder Rasse festzumachen. In dieser Dunkelheit ist Gott nicht irgendwo »dort oben« oder weit weg. Die Dunkelheit selbst zieht uns hinein in eine persönliche Vereinigung und Vertrautheit mit der Göttlichen Präsenz. Die Feuersäule verbrennt alle Unterschiede durch Rasse, Geschlecht oder Farbe; das Feuer zerstört alle Illusionen und Theologien. Wir werden zurückgelassen mit einer unbeschreiblichen Erfahrung. Am innigsten erleben wir diese Gegenwart tief in unserem innersten Wesen.

Als Gott einen Bund mit dem Volk Israel schloss, wurde Moses in die dichte Dunkelheit gezogen, in der Gott wohnte (Exodus 20.21). In diesem Erlebnis konnte das Volk Israel Gott sprechen hören: »Ich bin euer Gott, und ihr seid Mein Volk.« Dieser Bund war derselbe wie derjenige, den Er mit Abraham eingegangen war und der alle Geschlechter der Erde mit einschloss (Genesis 12.3). Jedes menschliche Wesen wird in der Dunkelheit dieser dichten Wolke die Göttliche Vertrautheit erleben.

8
Die Schätze im Dunkel

ICH STOLPERTE ÜBER EINE FASZINIERENDE BIBELSTELLE, in der es heißt, Gott biete Schätze der Dunkelheit an, die an geheimen Plätzen aufbewahrt werden (Jesaja 45.3). Diese Geschenke sind universal und werden großzügig jedem gegeben, der weiß, wie sie zu empfangen sind. Gott bietet die Schätze der Dunkelheit Kyrus, einem heidnischen König, an, um die Echtheit des Geschenks zu bekunden und Kyrus in die Lage zu versetzen, die wirkliche Göttliche Präsenz zu erfahren.

Wenn wir Schmerzen haben, scheinen wir von Dunkelheit überschattet zu sein. Doch oft halten die dunkelsten Augenblicke des Lebens die wertvollsten Geschenke für uns bereit. Schmerz gehört zur Realität eines jeglichen Lebens. Ob er uns formt oder wir daran zerbrechen, hängt davon ab, wie wir mit diesem Schmerz umgehen.

Es gibt eine Geschichte über einen Mann, der Schiffbruch erlitten hatte und auf einer einsamen Insel gestrandet war. In der Krone eines Baumes baute er sich ein kleines Haus, um vor den wilden Tieren der Insel sicher zu sein. Seine paar Habseligkeiten und die Werkzeuge, die er für sein Leben brauchte, bewahrte er in seinem Baumhaus auf. Dieser Ort war sein Himmel; dort fühlte er sich sicher und konnte nach einem Schiff Ausschau halten, von dem er hoffte, dass es ihn eines Tages retten werde. Sein Haus wurde zu seinem Heiligtum – dort fühlte er die Nähe seines Gottes.

Doch eines Tages fand er bei seiner Rückkehr das Haus in Flammen stehend. All seine Sicherheiten waren verbrannt. Während der Mann tief betrübt über sein Leben und seine

Beziehung zu Gott nachdachte, schaute er über das Wasser und erblickte ein Schiff am Horizont. Kurze Zeit später war ein Motorboot unterwegs zur Insel. Bevor der Mann es sich versah, befand er sich auf dem Schiff auf dem Weg in ein neues Leben. Als er den Kapitän fragte, wie dieser denn auf die Idee gekommen sei, es befinde sich jemand auf der Insel, erklärte ihm dieser, er habe lediglich auf das Feuersignal reagiert.

Diese Geschichte brachte mich dazu, über mein Leben und das Leben als solches nochmals nachzudenken. Ich besann mich der Momente, in denen Gott all unsere Sicherheiten niederbrennt, damit wir in diesen dunklen Augenblicken die Göttlichen Schätze entdecken können. Solche Erlebnisse bringen uns dazu, unser Leben in volleren Zügen zu leben, in größerer Freiheit und in tiefem innerem Frieden. Die meisten von uns haben schmerzvolle Erlebnisse gespeichert und verbergen sie an Orten, die von anderen niemals betreten werden. Irgendwann neigen wir sogar dazu, diese Erlebnisse zu vergessen. Doch beeinflussen sie weiterhin die Art, wie wir leben. Der verborgene Schmerz wirkt sich auf unsere Beziehungen zu anderen Menschen aus – und auf eine sehr reale Art zieht er weitere negative Erfahrungen nach sich. Wir rasen mit angezogener Handbremse durchs Leben.

Doch wenn jemand, den wir lieben, die Festung dieses dunklen Gewölbes sanft und liebevoll niederbrennt und wir anfangen, mit einem frischen Blick auf die dort versteckten Erlebnisse zu schauen, werden wir auf eine neue Art zu leben beginnen. Wir finden nicht nur unsere persönliche Freiheit, sondern erhalten dazu auch noch einen Energieschub. Diese persönliche Transformation schickt uns manchmal als Katalysatoren des Wandels in die Welt hinaus.

Ich denke an die vielen Opfer, denen Unrecht zugefügt wurde, an diejenigen, die physisch, geistig und emotional missbraucht wurden. Da sind die Millionen, die aufgrund ungerechter sozialer und politischer Verhältnisse leiden. Der menschliche Geist wartet darauf, frei zu sein und aus den Trümmern der Ungerechtigkeit auszubrechen. Menschen warten auf einen Propheten, einen Guru oder einen Weisen, der sich in ihre Dunkelheit stürzt, ihre Stärke entfesselt und ihnen ihre Würde zurückgibt.

Ich bin mit meinem Herzen vor allem bei all den Frauen, denen ich begegnet bin und die bereits im Kindesalter sexuell missbraucht wurden. In der Folge des Missbrauchs bildeten sich Unheil bringende emotionale Muster. Aus diesem Schmerz heraus wurden manche Missbrauchsopfer geschickt darin vorzutäuschen, es gehe ihnen gut und das Leben sei eine Art Party. Das ungesunde Verlangen nach Anerkennung und Liebe beeinflusste all ihre Beziehungen, insbesondere zu den Menschen, die ihnen am meisten bedeuteten: Ehemann, Kinder, Familie und Freunde. Diese beschädigten Gefühls- und Verhaltensmuster zogen manchmal weiteren Missbrauch nach sich; manchmal jedoch hingen sich diese Missbrauchsopfer aus eigener Initiative an Menschen, nur um sich später von ihnen zurückzuziehen oder ihnen Schmerz zuzufügen. Jene Frauen, die den Mut aufbrachten, die Quelle dieses Musters anzuerkennen, waren fähig, sich selbst zu befreien, um ein neues und erblühendes Leben zu führen. Aber damit nicht genug: Genau diese Frauen machten sich auf, ihre Geschichten und Erfahrungen mit jungen Frauen an Colleges und mit den Eltern von Grundschulkindern zu teilen. Der Erfolg war umwerfend. Die Schätze, welche diese Frauen in den dunkelsten Winkeln ihres Lebens gefunden hatten, halfen ihnen dabei, ein reicheres Leben zu führen und glaubwürdige Streiterinnen für die Freiheit anderer Menschen zu werden.

Diese Frauen vergessen niemals den Schmerz ihrer ungerechten Behandlung, doch sie leben jetzt die Fülle des Lebens in Liebe und Mitgefühl. Sie antworten auf die Ungerechtigkeiten in der Welt, anstatt nur zu reagieren. Sie wollen Lösungen, statt sich darauf zu fokussieren, wer die Schuld trägt.

Sie suchen Versöhnung anstelle von Bestrafung. Die Erfahrung dieser befreiten Frauen kann die Erfahrung jedes Menschen sein, der in irgendeiner Situation zum Opfer wird. Der menschliche Geist ist zu unzähligen Möglichkeiten in der Lage; der menschliche Geist ist zu Göttlichen Möglichkeiten fähig.

Göttliche Schätze sind in den Tiefen der Dunkelheit verborgen. Diese Dunkelheit kann aus Erinnerung, Krankheit, Alter oder zerbrochenen Beziehungen bestehen. Eines der Mittel, ihre verborgenen Schätze an die Oberfläche zu holen, ist der Schmerz. Wenn wir Schmerz empfinden, verlieren wir häufig die Kontrolle über die Situation; wir werden ins Chaos geschleudert und tappen im Dunkel nach Halt. Diese Dunkelheit kann uns entweder formen oder uns zerbrechen. Wir wissen, dass Schmerz eine Tatsache des Lebens darstellt. Und wir spüren, dass Schmerz, den wir nicht bekämpfen, uns reinigt und erleuchtet, Schmerz jedoch, gegen den wir ankämpfen, uns leiden lässt. Somit sind Leid und Elend eine Wahl, die wir treffen.

9

In der Stille versinken und Kind werden

WENN DAS LICHT VERBLASST UND DUNKELHEIT UNSERE Welt umschließt, bringt dieses Dunkel eine tiefe Stille mit sich. In dieser Stille, in der die äußere gegenständliche Welt verblasst, sind wir eingeladen, in unsere innere Dunkelheit zu schauen, in der wir beginnen, wahrhaftige Wirklichkeit zu erleben. Wir haben keine Wahl: Wenn wir ein inneres Licht finden wollen, müssen wir in uns hineinschauen. Bilder und Erlebnisse der Vergangenheit werden lebendig: Wir sehen

Menschen, Orte und Dinge, die für uns bedeutsam sind. Und die Tragweite dieser Erlebnisse wird immer deutlicher. Wir hören die Stimmen derjenigen, deren Worte in unsere Seele sanken. Einige dieser Erlebnisse waren gut, andere waren nicht so gut oder sogar schmerzvoll. Wir betrachten sie als das, was sie sind, und lassen sie gehen, ohne ein Urteil über sie zu fällen. Und in der Tiefe der inneren Stille und Dunkelheit fangen wir an, Frieden zu spüren.

Wir wissen, dass es nicht klug ist, an negativen Erfahrungen und am schmerzhaften Einfluss, den sie weiterhin auf uns ausüben könnten, festzuhalten. Vielleicht glauben wir, dass es nötig ist, die schlechten Erfahrungen loszuwerden, und klammern uns deshalb an die positiven. Doch die positiven Erfahrungen sind genauso lähmend. Sie mögen uns einen flüchtigen Blick auf die Essenz des Lebens erlaubt haben, doch wenn wir diesen unvollständigen Enthüllungen anhaften, können sie uns davon abhalten, das vollständigere Bild des Lebens zu erkennen.

Manchmal hilft es, ein paar Mal über unsere negativen und positiven Erfahrungen zu sprechen, sodass sie sich in unserem Denken normalisieren. Es kann dabei helfen, diese Erfahrungen zu bewältigen. Indem wir uns ihnen stellen, überwinden wir die Versuchung, dem Schmerz der negativen Erfahrungen aus dem Weg zu gehen oder mit den positiven zu prahlen. Auf diesem Weg binden wir die Erfahrungen ein und leben in größerem Frieden und größerer Freiheit. Der Lärm, der daraus entsteht, dass wir uns in unserem Inneren fortwährend mit dem Erlebten auseinandersetzen, versinkt dann langsam in den Tiefen der Stille.

Alles, was wir im Laufe der Zeit gelernt haben, hat uns möglicherweise dabei geholfen, ein erfolgreicheres Leben zu führen. Doch all das Erlernte ist nur zum Teil wahr, und solange wir uns zu sehr daran klammern – auch an unser religiös Erlerntes –, werden wir nicht erfahren können, was Jesus ein »Leben in Fülle« nannte. In unserer psychologischen und spirituellen Dunkelheit geraten religiöse Wahrheiten und Dogmen in Vergessenheit und der Kern des Lebens kommt zum Vorschein. Die lärmigen theologischen Auseinandersetzungen verklingen im Verständnis der mystischen Stille.

Da gibt es diese Geschichte eines zweijährigen Mädchens, welches versessen darauf war, allein mit ihrem neugeborenen Bruder Zeit zu verbringen. Die Eltern erlaubten es der Tochter, doch sie lauschten an der Tür. Sie hörten das Mädchen zum Baby sagen: »Bitte erzähl mir doch, wie Gott aussieht. Ich fange an, es zu vergessen.«

Diese Begebenheit wird in unterschiedlichen Variationen erzählt, doch die Botschaft bleibt immer dieselbe: Als Babys und Kleinkinder wussten wir noch um die Geheimnisse des Lebens und von Gott. Wir hatten eine natürliche Verbindung zur wirklichen Essenz des Lebens. Doch während unseres Heranwachsens wurden uns Worte und Bezeichnungen beigebracht, die uns das Mysterium und die verborgene Bedeutung des Lebens vergessen ließen. Wir haben Konzepte erlernt, die die volle Bedeutung der Dinge zerstört haben. Geschult durch die menschliche Kultur haben wir das Geheimnis und die Wirklichkeit der Dunkelheit, der Stille und der Tiefe unseres Selbsts als wunderbare Geschöpfe, die von unseren ewigen Gott geliebt sind, verloren.

Ein Kind entdeckt einen kleinen Vogel und ist fasziniert. Es erwacht jeden Morgen, um sogleich den Vogel zu beobachten und ist begeistert und glücklich. Eines Tages lehrt die Mutter das Kind, dass der Vogel Rotkehlchen heißt. Während die Mutter und die anderen Erwachsenen aufgeregt verfolgen, wie das Kind neue Wörter lernt, beginnt diesem, das Geheimnis und den Zauber, der dem Rotkehlchen innewohnt, zu entschwinden. Das Kind hört auf, das Geheimnis und die Magie dieses Rotkehlchens zu spüren; es erkennt nun ein Objekt, welches »Rotkehlchen« heißt.

Ein Kind unterscheidet die Menschen nicht nach ihrer Erscheinung, ihrer Rasse oder ihrem Glauben. Es antwortet, ohne die Menschen in Kategorien einzuteilen: so wie die Sonne, die auf jeden scheint, und der Regen, der fällt, wo er will. Doch während das Kind aufwächst, färbt sich seine Wahrnehmung durch das ein, was es von anderen lernt; und so beginnt es, unterschiedlich auf Menschen und Situationen zu reagieren. In der beschwingten Landschaft der Welt des Kindes gibt es ausschließlich Glückseligkeit. Aus diesem Grund werden wir erst dann das Reich Gottes betreten, wenn auch wir wie kleine Kinder werden.

10

Die heilige Kraft der Dunkelheit

Wenn wir in andächtiger Stille sitzen, können wir lernen, unsere Gedanken, Gefühle und Erinnerungen zu betrachten und sie gehen zu lassen.

DIE BUDDHISTEN KENNEN DAS SPRICHWORT: »WENN DU den Buddha siehst, töte ihn.« Der Buddha wollte, dass wir uns selbst ein Licht sind. Er wünschte, dass wir auf unsere eigene persönliche Gottes- und Lebenserfahrung zurückgreifen und Verantwortung für unsere Handlungen und Überzeugungen übernehmen. Er wollte, dass wir uns in die Tiefen und in die Dunkelheit unseres Seins begeben und unsere eigene Erleuchtung finden.

Buddhisten gelangen auf unterschiedlichen Wegen zur Erleuchtung. Das Ziel der buddhistischen Meditation ist es, Einsicht und Ruhe zu erlangen. Eine Möglichkeit, dieses Ziel zu erreichen, liegt in der Beobachtung von in uns aufsteigenden Wörtern, Vorstellungen, Bildern und Gedanken, die wir weiterziehen lassen, ohne sie zu reflektieren oder zu beurteilen. Dabei geht es darum, den Verstand vollkommen zu leeren. In der Stille und Dunkelheit dieser Leere wird uns Einsicht in die wahre Wirklichkeit gewährt.

Der andere Weg zur Erleuchtung führt über die Bewusstmachung von Körperempfindungen. Dieses Bewusstmachen unterstützt uns darin, die Verbundenheit von Verstand und Körper erkennen zu können. Die Aufmerksamkeit für unsere körperlichen Empfindungen hilft, jene Erinnerungen aufzulösen, die im Körper eingeschlossen sind, und erlaubt der Lebensenergie, ungehinderter in uns zu fließen. Das bewirkt einen ausgeglichenen Verstand voller Liebe und Mitgefühl. Dann können wir die Verbundenheit allen Lebens erkennen.

Es gibt eine buddhistische Gemeinschaft, deren Angehörige sich einer, wie sie sie nennen, »Dunkelheitsklausur« unterziehen. Sie begeben sich in eine dunkle Höhle und verbringen dort eine längere Zeit. Die Dauer ihres Aufenthaltes richtet sich nach Alter, Erziehung und Fähigkeit – manche von ihnen bleiben Jahre. Die Vorbereitung für diese Klausur ist außerordentlich streng. Der spirituelle Leiter stellt sicher, dass die Person, die sich auf diese Weise zurückzuziehen wünscht, in der Lage ist, während langer Perioden der Stille zufrieden und ausgeglichen zu sein.

Während die Klausurteilnehmer sich in dieser Dunkelheit befinden, sitzen sie für sich allein und werden sich immer mehr ihrer selbst bewusst. Ihre Lebenserfahrungen treten in Form von Klängen, Lichtern und Schimmern an die Oberfläche, die aus der Tiefe ihres Unterbewusstseins oder ihres tiefen Unbewusstseins emporsteigen. Im Dunkel der Höhle erwarten sie kein Licht von außen, und so beginnen sie, Ausschau zu halten nach dem Licht im Inneren ihres Herzens und ihres Verstandes.

Ihre Lebensgeschichten entfalten sich in der Form von Visionen. Visionen können negativ sein – voll von Gier oder Entsetzen, die Sorgen und Angst verursachen. Aber einige der Visionen sind rein, angefüllt mit dem, was gut und schön ist. Häufig erscheint das Bild Buddhas einhergehend mit vielen ihrer spirituellen Erfahrungen der Vergangenheit. Menschen, die eine derart intensive Zeit in der Höhle verbringen, wird beigebracht, diese Gedanken, Gefühle und Bilder zu betrachten, ohne sich ein Urteil zu bilden und ohne die negativen Erfahrungen loswerden zu wollen oder sich an die positiven zu klammern. Wenn diese Erfahrungen zwar betrachtet, aber weder reflektiert noch beurteilt werden, fließen sie, negative und positive gleichermaßen, ganz einfach aus dem menschlichen Organismus hinaus. Die Visionen sind ein sicheres Zeichen für inneren Wandel. Sie erheben sich aus der Tiefe des Unterbewusstseins oder des tiefen Unbewusstseins, doch sind sie auch mit dem ewigen Göttlichen Leben verbunden.

Es ist möglich, diese lebensspendende Dunkelheit herzustellen, ohne sich für Monate, Wochen oder zumindest Tage in die Zurückgezogenheit einer Höhlenklausur zu begeben. Wir können es während einer kurzen Zeit ausprobieren. Finden Sie in Ihrem Zuhause einen Ihnen vertrauten Platz, der möglichst vollständig abzudunkeln ist. Nun betreten Sie diesen Raum mit geöffneten Augen. Falls Sie Ihre Augen schließen, wird Ihr Verstand automatisch geistige Vorstellungen bilden. Dunkelheit ist weder gut noch schlecht. Sie *ist* einfach. Wenn Sie nun in die Finsternis hineinstarren, können sich Ihre Augen mit Tränen füllen oder gereizt werden. Doch sobald die wirkliche Dunkelheit in Sie eintritt, werden Sie tiefe Linderung spüren. Die Dunkelheit befreit uns von allem, was an Negativem in uns wohnt, und irgendwann fließt die ursprüngliche Lebensenergie ungehindert in uns hinein. Jegliche Angst wird von der Dunkelheit aufgezehrt, und wir erfahren einzig und allein die Liebe.

Wir müssen keine Buddhisten werden oder eine dunkle Höhle finden, um solch eine innere Reinigung und Heilung zu erfahren. Seit Jahrhunderten haben Menschen aller Glaubensrichtungen die Dunkelheit über Stille und Einsamkeit betreten. Wenn wir in andächtiger Stille sitzen, können wir lernen, unsere Gedanken, Gefühle und Erinnerungen zu betrachten und sie gehen zu lassen. Indem wir lernen, still und ohne Urteil zu bleiben, können wir Gottes Umarmung spüren und verstehen, dass wir tatsächlich Teil der Göttlichen Natur und eins mit Gott sind. Für diejenigen unter uns, die tiefe oder traumatische Wunden tragen, ist es ratsam, einen spirituellen Führer zu suchen oder jemanden, der in tiefer Meditation versiert ist, um uns in dieses transformierende Gebet zu geleiten – so wie jene, die Übungen wie die der Dunkelheitsklausur praktiziert haben, von Führern oder Gurus begleitet wurden.

Im Kern unseres Seins ist es dunkel, und Stille durchdringt unsere innersten Tiefen. Hier verschwindet alles außer dem Frieden, der tiefgehend und von Dauer ist. Unsere Gedanken und Gefühle, unsere Freuden und Leiden und all unsere Ängste zerschmelzen in dieser Dunkelheit. Wir verlieren jegliches Gefühl von Individualität und Trennung vom Rest der Schöpfung. Wir hören auf, eine Insel zu sein, und werden eher wie ein Meer, riesig und zeitlos. Wir erleben uns als ewig verbunden mit Gott. Wir werden, wer wir sein sollten.

II

Sei still und erkenne, dass Ich Gott bin

»STILL SEIN« IST EINE DER WIRKUNGSVOLLSTEN METHODEN, um friedlich und konzentriert zu werden, Wissen zu erlangen und Gott zu erfahren. Wir kennen diesen Satz aus dem 46. Psalm, doch die Idee der Stille durchdringt auch nicht-christliche Lehren.

»Sei still…«

In der östlichen Tradition wird Stille auf unterschiedliche Arten beschrieben. *Samatha* oder *tatashhabhava* bedeuten Gleichwertigkeit oder Wesensgleichheit. Sie bedeuten auch Gleichmut oder Vervollkommnung. In vielen Strophen beschreibt die Bhagavad Gita die Bedeutsamkeit von Stille und ihre Wirkung. Der Mensch, der nach Stille strebt, hört auf, irgendeinem Wesen gegenüber Hass zu verspüren; er ist freundlich und mitfühlend; er entledigt sich jeglicher eigennützigen Gedanken von »mir« oder »mein«; er bleibt in Vergnügen und Schmerz immer derselbe; und er kennt nur ein Ziel, nämlich Gott zu erreichen oder zu erkennen (Bhagavad Gita 12:13–20).

Stille bewirkt selbstbewusste Menschen, die weder durch Einsicht und Erleuchtung in Hochstimmung geraten, noch über Täuschungen verzweifeln. Sie leben in Gleichmut, egal ob angesichts von Erdklumpen, Steinen oder Gold; ihr Gemütszustand ändert sich weder gegenüber dem Weisen, dem Freundlichen noch dem Feind, genauso wenig wie bei Lob oder Tadel. Das Geheimnis liegt darin, nichts davon persönlich zu nehmen und sich in Treue und Liebe zu verpflichten, mit dem Göttlichen in Einklang zu kommen (BG 14:22–26).

Jene, die aus ihrem unsterblichen Geist heraus leben, verzichten auf die Früchte ihrer Handlungen. Sie gehen ihren Weg in der Freiheit völliger Losgelöstheit und erfahren Gelassenheit. So wie alle Gewässer sich ins Meer der Erfüllung ergießen, dessen Boden unbewegt bleibt, so fließen alle Wünsche ins Herz eines Menschen. Und solch ein Mensch erlangt Frieden. Solch ein Mensch ist niemals beunruhigt; sogar in der Zeit des Todes lebt er in der Gewissheit, in die Göttliche Stille aufgenommen zu werden (BG 2:69–72).

Schließlich ermahnt die Gita einen Sucher zum Sitzen mit still gewordenem Selbst […] und verwurzelt im und ausgerichtet auf das Göttliche. So bleibt der Kämpfer des Geistes mit beherrschtem Verstand beharrlich dabei, sich einzufügen; dann wird sich der Friede entfalten, dessen Endzweck die unwiderrufliche Befreiung ist und der im Göttlichen fortdauert (6:14–15).

Die Buddhisten sprechen von Stille und Achtsamkeit. Ein achtsamer Mensch lebt nicht als das *Mich* oder *Mir,* sondern als das *Ich* – das *Ich,* welches der Atem Gottes ist, spirituell und Göttlich. Wenn ein Mensch ganz und gar im Hier und Jetzt lebt, wird er die Ewigkeit erfahren. Dieser gegenwärtige Augenblick ist Teil eines jeden Augenblicks vom Anfang bis zum Ende der Zeit. Aus diesem Grund ist der gegenwärtige Augenblick immerwährend. Und ebenso ist dieser Ort Teil von überall und Teil der gesamten Schöpfung vom Anbeginn bis zum Ende der Zeit. Achtsames Leben ist Göttliches Leben.

»... und erkenne...«

In der östlichen Tradition ist Erkenntnis das, was das Herz berührt und unser Leben verändert. Zu erkennen bedeutet, Weisheit und Verstehen zu erlangen. Dies ist *vipassana,* was so viel wie »Einsicht« oder »tiefes Schauen« heißt. Die Buddhisten glauben, dass wir, indem wir auf die Quelle unserer wahren Weisheit stoßen, mit dem Göttlichen in uns selbst und in jedem Menschen, dem wir begegnen, in Berührung kommen. Genaugenommen erweisen wir dann dem Heiligen in jedem Teil der Schöpfung unsere Ehrerbietung.

Ebenso wird Erkenntnis im Osten als eine Erfahrung von *advaita,* von Nicht-Zweiheit, angesehen. Andere Menschen und ich sind nicht eins, doch sind wir nicht zwei; wir sind nicht eins mit der Schöpfung, aber wir sind nicht zwei; und Gott und ich sind weder eins noch zwei. Es besteht eine Verbundenheit mit der gesamten Schöpfung und mit der Göttlichen Essenz. Daher hat, was auch immer einem Individuum zustößt, einen Effekt auf die gesamte Schöpfung. In seinem Brief an die Römer drückt der heilige Paulus dies folgendermaßen aus: »Die ganze Schöpfung wartet sehnsüchtig auf das Offenbarwerden der Kinder Gottes [...] Denn auch die Schöpfung soll von der Sklaverei und der Verlorenheit befreit werden zur Freiheit und Herrlichkeit der Kinder Gottes. Denn wir wissen, dass die gesamte Schöpfung bis zum heutigen Tag seufzt und in Geburtswehen liegt. Aber auch wir, obwohl wir als Erstlingsgabe den Geist haben, seufzen in unserem Herzen und warten darauf, dass wir mit der Erlösung unseres Leibes als Söhne offenbar werden (Römer 8.19–23)«.

Stille und Achtsamkeit haben sich als die wirkungsvollsten Methoden erwiesen, um zur Erkenntnis des Göttlichen zu gelangen, das unser Herz berührt und uns in unser wahres spirituelles – Göttliches – Wesen verwandelt.

Als der Buddha nach dem Geheimnis seines mystischen Weges befragt wurde, antwortete er: »Wir sitzen, wir gehen und wir essen.« Jeder Mensch tut dies, doch trotzdem sind wir nicht erleuchtet. »Wenn wir sitzen, *wissen* wir, dass wir sitzen. Wenn wir gehen, *wissen* wir, dass wir gehen. Wenn wir essen, *wissen* wir, dass wir essen.«

Das achtsame Leben ergibt Einsicht in das Wesen der Wirklichkeit und befreit einen Menschen von Leid und Verwirrung. Er lebt dann auf einer höheren Bewusstseinsebene und heilt damit innere Wunden durch Liebe und Verständnis. Das größte Geschenk, dass wir einem anderen Menschen zuteilwerden lassen können, ist, dass wir wahrhaftig präsent und achtsam sind.

Die Erfahrung des »Nicht-Seins« ist ein Resultat der Achtsamkeit. Wenn wir unser Nicht-Sein erleben, werden wir zu allem. Wie Maria in ihrem Lobgesang, können auch wir ausrufen: »Mein Herr hat die Niedrigkeit Seiner Dienerin angesehen. Siehe, von nun an, werden mich seligpreisen alle Kindeskinder!« Dies ist wahre Erkenntnis. Sie verleiht uns

Identität als geistiges und Göttliches Wesen. Und dies ist auch die Erkenntnis des Nicht-Seins, die der heilige Paulus durch sein mystisches Erlebnis erlangt hat: In Gott gibt es weder Jude noch Nicht-Jude, weder Mann noch Weib, nicht Knecht noch Freien (Galater 3.28).

Sunyata ist eine andere Art, auf die die Buddhisten das Nicht-Sein zum Ausdruck bringen. Sie mit Worten zu beschreiben, ist nicht leicht, aber durch persönliche Erfahrung kann sie verstanden werden. Der Buddha erlebte *sunyata* als Leere und erkannte, dass sich alle Dinge in einem Zustand beständigen Wandels befinden. Es ist daher problematisch, sich an Dinge zu binden und mit ihnen verhaftet zu sein, da sie nicht von Dauer sind. Unterlassen wir dies, erleben wir – sogar inmitten aller Schmerzen dieses Lebens – eine Freiheit ohne weiteres Leiden.

Mit *sunyata* werden wir auch an die Idee des »Nicht-Selbst« herangeführt, im Buddhismus als *anatta* bezeichnet. Es ist eine Einladung, das Ego als Illusion zu verstehen, aus dem all das persönliche Leid herrührt. Ein Selbst ohne Ego wird uns darin unterstützen, durch das wahre Selbst zu leben, das zugleich spirituell und Göttlich ist. Indem der heilige Paulus ausruft: »Nicht mehr ich bin es, der lebt, sondern Christus lebt in mir!«, spiegelt er diese Grundwahrheit wider.

»… dass Ich Gott bin«

Wir haben gesehen, dass Stille und Erkenntnis uns zur Verwirklichung unserer wahren Identität führen, die tief spirituell und Göttlich ist. Mit dem großen Teilhard de Chardin erkennen wir, dass wir eher spirituelle Wesen sind, die menschliche Erfahrungen machen, als menschliche Wesen, die nach spirituellem Erleben suchen. Wir erkennen unsere biblische Identität als Gottes Ebenbild und Gleichnis. Und wir erkennen auch, dass es Gottes Atem ist, der unserem sich dauernd verändernden und vergänglichen Körper Leben einhaucht. Und schließlich verstehen wir, so wie es die ersten Christen taten, dass es Gott ist, in Dem wir leben, uns bewegen und unser Sein haben.

12

Stille und der heilige Ignatius

Ignatius möchte, dass wir jeden Augenblick so leben, als sei er unser erster, letzter und einziger Augenblick.

»SEI STILL UND ERKENNE, DASS ICH GOTT BIN«, IST sehr typisch ignatianisch. Der heilige Ignatius von Loyola wollte, dass die Anhänger seines Weges sich durch jene Eigenschaften auszeichnen, die im Buddhismus mit *samatha* und *tatasthabhava* bezeichnet werden. Im Kapitel »Prinzip und Fundament« seines Exerzitienbuches *Geistliche Übungen* erklärt Ignatius, dass wir gleichgültig sein sollen gegenüber Gesundheit und Krankheit, Wohlstand und Armut, Ehre und Schmach, einem langem Leben oder einem kurzen (EB 23). Er besteht darauf, dass wir uns auf das Vereinigtsein mit dem Göttlichen fokussieren müssen.

Ignatius rät im Exerzitienbuch dazu, dass sich der spirituelle Leiter oder Begleiter bereithalten muss und sich wie ein Zeiger einer Waage zu verhalten hat, der die andere Person darin unterstützt, ihr Gleichgewicht oder ihren Mangel an Gleichgewicht wahrzunehmen. Wir sollen es ermöglichen, dass der Schöpfer direkt mit Seinem Geschöpf in Verbindung tritt und das Geschöpf mit seinem Schöpfer und Herrn. Daraus folgt, dass der Schöpfer die Person in eine Umarmung hineinzieht, welche im Göttlichen aufgehen wird (EB 15).

Durch die zusätzlichen Unterweisungen, die er in den *Geistlichen Übungen* gibt, betont Ignatius die Bedeutung von Stille und Achtsamkeit (EB 73–90). Er beginnt damit, indem er uns hilft, zu den beiden wichtigsten Zeitpunkten unseres Tages achtsam zu sein: kurz bevor wir schlafen gehen und wenn wir gerade erwachen. Dies sind die Momente, da wir in die Dunkelheit des Schlafs hineinfallen beziehungsweise aus der Weisheit und Wirklichkeit derselben Dunkelheit erwachen. Ignatius ermuntert uns dazu, uns zu entscheiden, zu welcher Zeit wir aufwachen wollen. Er will, dass wir uns darüber klar werden, warum wir aufwachen wollen, und möchte, dass wir, während wir uns auf unser Gebet vorbereiten, auf den Sinn und die Aussage unseres Lebens fokussiert bleiben (EB 73–74).

Kurz bevor wir mit unserem Gebet oder unserer Tätigkeit beginnen, wird aus Ignatius' Stille und Achtsamkeit *acatamiento,* die Ehrerbietung. Diese Haltung von Ehrerbietung erreicht ihren Höhepunkt in der tiefsten Vertrautheit und Verbindung mit dem Göttlichen, »wie die Strahlen der Sonne und die Sonne, das Wasser einer Quelle und die Quelle« (EB 237). Die ignatianische Göttliche Kommunion ist wie Salz, das sich im Wasser auflöst.

Im Programm der *Geistlichen Übungen* schlägt Ignatius für jeden Tag fünf Übungen vor. Jede dieser Gebetsübungen führt zu tieferer Stille und Achtsamkeit, bis sie ihren Höhepunkt im Gebet »Anwendung der Sinne« finden. Dieses Schlussgebet kann verglichen werden mit einer Person, die sich einer angreifenden Schlange gegenübersieht. Es herrscht völlige Stille und Aufmerksamkeit, und die ganze Erfahrung ist mystischer Natur. Dies ist der Ego-lose Zustand des *anatta.* Die »Anwendung der Sinne« holt die spirituelle und Göttliche Natur aus demjenigen hervor, der dieses Gebet betet.

Ignatius möchte, dass die »Anwendung der Sinne« zu einer Lebensart wird, und so beharrt er auch darauf, dass wir jeden

Augenblick so leben, als sei er unser erster, letzter und einziger Augenblick. Er will, dass wir auf eine Art beten, die keinerlei Erwartung an irgendwelche Früchte jenseits dieses Gebets hegt (EB 11). Er wünscht, dass wir uns jeder unserer Aufgaben widmen, als seien wir nur für diese eine Sache geboren. Denjenigen, die sich in der Schulung befinden, sagt er, dass Studien »auf eine bestimmte Art und Weise die ganze Person erfordern« (*Gründungstexte der Gesellschaft Jesu* 340), und so ist es mit allem, was wir zu tun aufgerufen sind. Stille und Achtsamkeit sind die Türschwellen zu Göttlichem Einssein und zur Kommunion.

Andere Hilfen, die Ignatius anbietet, um Stille und Achtsamkeit zu erzeugen, sind die Körperhaltung (EB 76), die Kraft des Denkens (EB 78), der Einsatz von Licht und Dunkelheit (EB 79), die Kontrolle der Sinne (EB 81) sowie die Buße (EB 82–90). Die Reinheit der Absicht ist ein Mittel, das Ignatius uns gibt, um *anatta,* das Ego-lose Selbst zu erlangen. Selbstverleugnung und Selbstkasteiung helfen uns dabei, ohne unser selbstsüchtiges Ego das Leben in seiner ganzen Fülle zu leben.

Für Ignatius war Erfahrung die Schule des Wissens. In seiner Autobiografie *Bericht des Pilgers* äußert er eine gewagte Behauptung, wenn er sagt: »Auch wenn es keine Heilige Schrift gäbe, die uns diese Glaubenswahrheit lehrt, wäre er [Ignatius] entschlossen, für sie zu sterben, einzig aufgrund der Tatsache dessen, was er geschaut hatte« (BdP 29). Und ein paar Zeilen weiter schreibt Ignatius vom Erlebnis seiner großen Erleuchtung: »Wie er nun so dasaß, begannen die Augen seines Verstandes sich ihm zu eröffnen. Nicht als ob er irgendeine Erscheinung gesehen hätte, sondern es wurden ihm das Verständnis und die Erkenntnis vieler Dinge sowohl über das geistliche Leben als auch über die Wahrheiten des Glaubens und über das menschliche Wissen geschenkt. Dies war von einer so großen Erleuchtung begleitet, dass ihm alles in neuem Licht erschien« (BdP 30).

Im Eintrag vom 19. Februar 1544 in seinem *Geistlichen Tagebuch* beschreibt Ignatius all die tiefen Einblicke, die ihm über die Göttlichen Geheimnisse gewährt wurden: »[…] sehr viele Erhellungen und spirituelle Erinnerungen über die Heilige Dreifaltigkeit, die für meinen Geist zu einer großen Erleuchtung wurden, und zwar so sehr, dass ich dachte, ich hätte sie niemals durch intensive Studien erlernt haben können, und später, als ich dieses Thema näher untersuchte, fühlte und verstand ich, so dachte ich, mehr, als wenn ich mein ganzes Leben lang studiert hätte.« *Sunyata* kann nicht vom Kopf her verstanden oder im Herzen gefühlt werden, sondern es wird vom Geist erfasst, der es mit einem Seufzen ausdrückt, das wir nicht in Worte fassen können (Römer 8.26)!

So erlangte Ignatius durch *vipassana* Erkenntnis, Verstehen und Einsicht, die die Quelle wahrer Weisheit berührt. Ignatius erfuhr das Göttliche in sich selbst, und dieses floss über in jede Person, der er begegnete, und in die gesamte Schöpfung. Alles ist Geschenk. Gott wohnt in diesen Gaben, so als ob sie Sein Tempel und Sein Ebenbild wären. Gott wirkt in diesen Gaben, um den Tempel und das Ebenbild Gottes zu vervollkommnen. Und schließlich sprudelt dieses Geschenk mit seiner spirituellen und Göttlichen Identität hervor (EB 230–237).

Teil zwei

Persönliche Dunkelheit

Es ist klug,
wenn wir uns mit den Merkmalen
der allumfassenden Dunkelheit vertraut machen.
Doch eines Tages wird jeder von uns der Dunkelheit
auf einer sehr persönlichen Ebene begegnen.
Es liegt auf der Hand, dass ich weder Ihre
noch die Dunkelheit irgendeines anderen Menschen
zu ergründen vermag.
Alles, was ich anbieten kann,
ist meine eigene Geschichte und die Geschichten
der Menschen, die mir nahestehen.
Ich hoffe, die Schilderung meiner
persönlichen Erlebnisse birgt Einzelheiten,
die auch in Ihren eigenen Erfahrungen
widerhallen.

13

Die mächtige Erfahrung von Dunkelheit während der Exerzitien

ICH MÖCHTE NOCH EINMAL AUF JENE INDISCHE GEschichte von dem Heiligen zurückkommen, der vor einer Höhle sitzt und allen verspricht, dass sie Gott persönlich sehen werden, falls sie eintreten. Allerdings gibt es eine Bedingung, erklärt er den herbeiströmenden Menschenmassen: Zuvor muss sich jeder Eintrittswillige die Augen herausreißen lassen.

Diese Geschichte erinnert mich an Jesu Warnung, einer anderen Person nicht den Splitter aus dem Auge ziehen zu wollen, bevor wir den Balken aus unserem eigenen entfernt haben. Um Gott von Angesicht zu Angesicht zu sehen, müssen wir zunächst einmal das Brett vor unserem Kopf entfernen, das uns blind macht. Es ist der Holzscheit der Unkenntnis oder auch der Balken der Lehrmeinung, der Theologie und der Philosophie, der zu einem Filter geworden ist, durch den wir alles betrachten. Wir müssen unsere Augen herausreißen – unsere Art zu sehen –, um Gott und das Leben neu und klar erleben zu können.

Eines Tages leitete ich für eine Teilnehmergruppe am Ende eines dreimonatigen ignatianischen Seminars die Exerzitien an. Wir befanden uns im Exerzitienhaus der Jesuiten im indischen Goa mit Blick auf das Arabische Meer. Die Exerzitanten beschäftigten sich mit der Frage, wie groß sie sich ihren persönlichen Gott vorstellen konnten. Die meisten aus der Gruppe griffen auf einige beliebte Bibelabschnitte zurück, die ihnen halfen, ihre Vorstellungen von Gott und ihre Erfahrungen mit Gott auszudrücken. Einer der Teilnehmer konnte nicht richtig in diese Betrachtung gelangen, was ihn sehr entmutigte. Er begann damit, sich nochmals in die Grundlagen des Katechismus zu vertiefen, der ihm den Weg zu Gott gewiesen und seinen Glauben viele Jahre lang lebendig gehalten hatte. Dann rief er sich seine Jesuitenausbildung in Erinnerung, insbesondere die Jahre, in denen er Philosophie und Theologie studiert hatte. Er dachte sogar über all die Exerzitien nach, an denen er in der Vergangenheit teilgenommen hatte. Aber all diese Versuche schienen vergeblich zu sein. Er durchlebte die gleiche Erfahrung, die auch Ignatius gemacht hatte; er begab sich auf dieselbe Weise in die Exerzitien, wie er es sein ganzes Leben als Jesuit getan hatte. Ignatius formuliert von Beginn an sehr deutlich, dass die Geistlichen Übungen nicht getan oder verrichtet, sondern empfangen werden.

Später an jenem Tag, als alles schon in Dunkelheit gehüllt war, wandte sich dieser Teilnehmer von den Geräuschen und dem Funkeln des sommerlichen Strandes ab. Er wurde auf eine tiefe und unerklärliche Weise von der Weite angezogen, und während die Dunkelheit die Oberfläche der Tiefe bedeckte, brach er zusammen und weinte hemmungslos. Endlich hatte er gefunden, wonach seine Seele dürstete. Er erlebte die Unermesslichkeit seines persönlichen Gottes. Noch heute, zehn Jahre später, ist diese Erfahrung frisch, hält seine Beziehung zu Gott wach und nährt und vertieft sie weiter.

Die großen Erwartungen dieses jungen und begierigen Jesuiten, ins Gebet hineinzukommen und das Göttliche zu erleben, blieben an jenem Tag unerfüllt, was zu Niedergeschlagenheit und zur dunklen Überschattung seines innersten Selbsts führte. Doch dann, als er sich der Dunkelheit ergab, die die Erde überzog, war da plötzlich ein Funkeln in seiner Seele, das seine Augen für das unendlich Göttliche auf eine höchst wirkliche Weise öffnete.

14
Gott von Angesicht zu Angesicht schauen

*Dann geschah etwas höchst Überraschendes:
Gott klagte, Er sei entkräftet von Seinen Versuchen,
mich zu erreichen.*

ICH ERINNERE MICH NOCH GUT AN DIE EXERZITIEN anlässlich meiner eigenen Ordination. Fünfzehn Jahre lang hatte ich die Geistlichen Übungen des heiligen Ignatius studiert. Ich hatte einige Kurse über seine Spiritualität gehalten und in der einen oder anderen Form bereits andere in den Geistlichen Übungen angeleitet. Mir war schon immer klar, wie entscheidend es ist, mich auf die Exerzitienerfahrung vorzubereiten – Gott gegenüber offen zu werden und in meinen Gebeten für das Wirken Gottes empfänglich zu sein. So ging ich also umfassend vorbereitet und gut eingestimmt in diese Exerzitien. Ich wollte sie zur besten Vorbereitung für dieses neue Leben machen, das ich nun beginnen sollte – mein Leben als Priester. Ich wünschte mir, das beste Werkzeug Gottes und der wirkungsvollste Kanal von Gottes Gnade für alle zu sein, für die ich Sorge tragen würde.

Am ersten Tag fragte mich mein Exerzitienleiter, wie es um mein Gebet bestellt sei und wie es mir ginge. Ich antwortete ihm, dass es nichts Spezielles zu berichten gäbe und alles in Ordnung sei. Es war ja gerade erst Tag eins, und ich war sicher, dass sich die Gaben, nach denen ich trachtete, noch zeigen würden. Der Belohnung durch Gott für meine aufrichtige Offenheit und meinen Edelmut war ich mir sicher. Ich war empfänglich für Gottes Wirken und bereit, alles zu tun, was Er von mir zu tun erwartete. Ich wünschte mir die

Gaben Gottes, nicht zu meiner eigenen Belohnung, sondern um ein wirkungsvolles Instrument für das Göttliche Königreich zu werden. Ich beruhigte meinen Körper, meinen Verstand und mein Herz und bediente mich dabei jeder mir bekannten Achtsamkeitsmethode und Atemübung. Wenn ich mich nicht gerade im Gebet befand, verlangsamte ich meinen Schritt und hatte mit niemand Augenkontakt, um jede Minute des Tages nur mit Gott allein zu verbringen. Ich leerte meinen Verstand von allen Gedanken, abgesehen von denen über meine Beziehung zu Gott. Unabhängig davon, ob ich wach war oder schlief, achtete mein Herz auf jedwedes Zeichen Seiner Gegenwart. Ich wurde meinem Exerzitienleiter gegenüber immer offener und hörte ihm äußerst aufmerksam zu. Im Gebet fühlte ich mich wie ein Ochsenfrosch, der sehr still dasaß und auf ein vorbeikrabbelndes Insekt lauert.

Doch es geschah nichts. Tag für Tag schien meine Gebetserfahrung trockener zu werden und leerer an jeglichem greifbaren Erlebnis. Jeden Tag stellte mir mein Exerzitienleiter dieselben Fragen, bevor er mich anwies, weiterzumachen. Als wir uns am sechsten Tage trafen, erzählte ich ihm, dass ich für ihn gebetet hätte – ich hatte darum gebetet, Gott möge ihm eine Prise Vernunft in seinen Kopf streuen. Denn tagtäglich berichtete ich ihm davon, dass ich keine Begegnung mit Gott erfuhr, und alles, was er dazu zu sagen hatte, war: »Weitermachen!«

In jener Nacht, als ich zur üblichen Zeit zum Gebet in die Kapelle ging, fühlte ich mich unglaublich einsam und irgendwie auch ziemlich ernüchtert. Meine bevorzugte Bibelstelle bewegte mich nicht; die Art des Betens, die ich seit so vielen Jahren angewandt hatte, funktionierte nicht. Die einzigen Gebete, zu denen ich während der ganzen Exerzitien imstande war, lauteten: »Herr, ich glaube; hilf meinem Unglauben« oder »Herr, ich glaube; stärke mein Vertrauen« sowie mein liebstes und andauerndes Gebet: »Meine Seele dürstet nach Dir; ich will Dich von Angesicht zu Angesicht schauen.«

An diesem sechsten Abend, die Kapelle war erfüllt von der Dunkelheit der Nacht, hatte ich gegen ein Uhr morgens eine Vision von mir selbst auf einer Insel. Die Meereswogen, die die Insel vom Festland trennten, begannen anzusteigen. Plötzlich erschien Gott auf der Insel und ich stand Ihm von Angesicht zu Angesicht gegenüber. Ich war derart verzückt und gleichzeitig so erschöpft und am Ende, dass ich mich in Gottes Schoß ausruhen wollte. Doch dann geschah etwas höchst Überraschendes: Gott klagte, Er sei entkräftet von Seinen Versuchen, mich zu erreichen – und ich fand Gottes Kopf, der sich in meinem Schoß ausruhte. In diesem Augenblick brach ich zusammen und weinte zügellos.

In der Dunkelheit jener Nacht und der Hohlheit und Leere meiner Seele hatte ich eine Gotteserfahrung von Angesicht zu Angesicht. Man mag es als »Vision« bezeichnen, als »Halluzination« oder als irgendetwas anderes. Die Einzelheiten spielen keine Rolle. Alles, was ich weiß, ist, dass dieses Erlebnis derart wirklich war, dass ich danach nie wieder derselbe war. Gott wurde zum Sucher, und ich war der Gesuchte (Psalm 139).

15

Gottes Angesicht zu sehen, ist eine Einladung zu sterben

NACH DIESER ERFAHRUNG IN MEINEN ORDINATIONSexerzitien kehrte ich in meine kleine Gemeinde zurück. Ich hatte eine Gruppe von vier Männern eingeladen, während unseres Theologiestudiums gemeinsam mit mir in den Slums zu wohnen. Inmitten der Armen zu leben, sollte unsere theologischen Studien verwurzeln und uns Einblicke ins richtige Leben gewähren.

Die ersten sechs Monate unserer theologischen Reflexionen liefen ganz gut, da wir einen Priester als Führer an unserer Seite hatten. Doch dieser empfand grundsätzliche Schwierigkeiten und fasste den Entschluss, in seine größere Jesuitengemeinschaft zurückzukehren. Nun hatten wir niemanden mehr, der uns anleitete, und jeder von uns ging seinen eigenen Weg. Die Armen in den Slums forderten uns heraus, authentisch zu leben, doch sie zogen uns auch in ihren Lebensstil hinein. Meine Gefährten übernahmen die eine oder andere Haltung und Einstellung derjenigen, denen wir zu dienen versuchten; in der Folge verfielen zwei meiner Kollegen dem Alkohol. Den Umgang mit diesen Menschen zu pflegen, nahm uns den Raum für ernsthafte Studienarbeit, theologische Reflexionen und Gespräche. Das Gebet und die Eucharistie fanden in unserer Gruppe keinen Platz mehr.

Als ich begann, ernsthaft über den Wert unseres Gruppenexperiments nachzudenken, sandte ich dem Superior der jesuitischen Theologie- und Philosophie-Studenten ein Schreiben mit einer Aufzählung der Bedenken, für die ich um Hilfe und Klärung bat. Der Vorsteher interpretierte diese Bedenken als Anschuldigungen, die er persönlich nahm, und von da an brach die Hölle über mich herein. Ich verließ die kleine Gruppe und schloss mich der größeren Gemeinschaft an, die rund zweihundert Mitglieder umfasste. Beinahe im Wochenrhythmus ließ der Superior mich zu sich kommen, um mich wissen zu lassen, dass er mich nicht in seiner Gemeinschaft haben wolle. Er beschuldigte mich, selbstgerecht zu sein und keinen Teamgeist zu zeigen. Er schaffte es, einen Teil der Fakultät und viele meiner Weggefährten gegen mich aufzubringen. Und als es schließlich darum ging, meine Ordination gutzuheißen, fastete er drei Tage lang, um herauszufinden, was der heilige Ignatius mit solch einer Person wie mir wohl getan hätte. Schließlich schrieb er einen äußerst vernichtenden Bericht über mich, gab jedoch die Erlaubnis zu meiner Ordination. Der für uns verantwortliche vorstehende Superior in Bombay schaute sich die ganze Angelegenheit an und verschob die Ordinaten eines meiner Kollegen um drei Jahre und gab mit einigen Bedenken sein Einverständnis für die Ordination des anderen. Dieser zweite Kollege starb im ersten Jahr nach seiner Ordination.

In jenem Jahr der Unruhe und der Schikane fühlte ich mich vollkommen alleingelassen. Der Einzige, der um meine inneren Kämpfe und Schmerzen wusste, war mein spiritueller Begleiter. Tag für Tag fühlte ich mich tiefer in eine innere Dunkelheit hineingezogen. Und durch meine quälenden und einsamen Tränen hindurch war der Regenbogen der Hoffnung und Stärke, den ich in meinem Erlebnis während meiner Exerzitien gefunden hatte, das Einzige, was mir Halt gab. Auf eine sehr befremdliche und paradoxe Art hätte es keine bessere Vorbereitung für mein Leben als Priester geben können. In der Dunkelheit dieses Erlebnisses wurde ich tiefer in meiner Beziehung zu Gott verankert, und die Macht des Göttlichen floss mühelos durch meine Schwachheit hindurch.

Ich habe dasselbe Muster in den Leben derjenigen gesehen, die ich in Exerzitien anleitete, wie auch bei jenen, denen ich spirituelle Begleitung bot. Jedes Mal, wenn sie eine tiefe Erfahrung Gottes gemacht hatten, schlitterten sie kurz danach in die Dunkelheit und in die beispiellosen Heimsuchungen ihres persönlichen Lebens – und kamen deutlich besser wieder daraus hervor. Ihre Lebensgeschichten erinnern mich an Abraham, der zum Segen wurde, nachdem er die Dunkelheit der Wüste durchquert und die Herausforderung, seinen einzigen Sohn opfern zu sollen, gemeistert hatte.

16

Die Macht der Schwäche

In der Dunkelheit ihres Kampfes mit einem unverrückbaren Felsen wurde die Kraft Gottes in ihrem Leben und ihrem geistlichen Amt zur Vollkommenheit geführt.

ZEHN TAGE NACH MEINER ORDINATION ZUM PRIESTER leitete ich zum ersten Mal achttägige ignatianische Exerzitien für eine Gruppe von Nonnen an, die allesamt älter und erfahrener waren als ich. Sie hatten Leitungsfunktionen in ihrer Ordensprovinz inne und waren Schwestern, die andere Schwestern ausbildeten, Vorsteherinnen von Schulen sowie Oberinnen ihrer örtlichen Gemeinschaften. Jede von ihnen führte seit vielen Jahren ein religiöses Leben.

So überraschte es nicht, dass sie das Gefühl hatten, ein Schuljunge würde ihre Exerzitien anleiten, und eine von ihnen übernahm es, diesem Gefühl Ausdruck zu verleihen. Das bisschen Selbstbewusstsein, mit dem ich angetreten war, verpuffte anlässlich dieser Bemerkungen. Ich schwitzte während des ganzen Vortrags, den ich ihnen in jener Nacht hielt. Abschließend sagte ich, ich sei mir im Klaren darüber, dass sie ihre Exerzitien auch allein durchführen könnten und dass es ihnen frei stehe, sich während dieser Tage für spirituelle Begleitung an mich zu wenden – oder auch nicht. Indes teilte ich ihnen noch mit, dass der heilige Ignatius der spirituellen Begleitung während der Exerzitien eine große Bedeutung beigemessen hatte. Dann legte ich meinen Anmeldebogen aus – und alle zweiundzwanzig Schwestern schrieben sich ein, um mich an alternierenden Tagen zu treffen.

Natürlich machte mich die anstehende Leitung der Exerzitien nervös; doch ich wusste auch, dass ich mich darauf verlassen konnte, dass Gott durch meine Schwäche hindurch wirken würde. Und genau dies geschah. Mit jedem Vortrag erhielt ich mehr Selbstvertrauen, mein Verständnis der Geistlichen Übungen zu äußern. In jedem der persönlichen Zweiergespräche mit den Nonnen konnte ich die Weisheit und die Kraft des wirkenden Geistes erleben. Und mir wurde eine weitere Gnade zuteil, die ich niemals vergessen werde: Ich erkannte, dass die Früchte des Priesteramtes nicht mir gehören. Meine Aufgabe ist es, ein Kanal zu sein, damit Gott durch mich hindurch arbeiten, Herzen berühren und die Leben von Menschen verändern kann, denen ich als Geistlicher diene. Nach dieser Exerzitienerfahrung fühlte ich mich so leicht – ich war von einer großen Last befreit, die ich seit vielen Jahren mit mir herumgetragen hatte. Mir wurde klar, dass nicht ich für das Ergebnis der Exerzitien die Verantwortung trug. Es war nicht meine Aufgabe, irgendjemanden zu ändern.

Eine der Schwestern erlitt während eines unserer Gespräche einen Zusammenbruch und weinte. Sie setzte sich mit etwas auseinander, was seit vielen Jahren ein schwerwiegendes Problem für sie gewesen war. Sie beschrieb diese Schwierigkeit als einen großen Felsen in ihrem Leben. Nach all den Anstrengungen, die sie unternommen hatte, war das Größte, was sie erreicht hatte, ein kleines Bisschen dieses Felsens abzutragen. In meiner Unbedarftheit riet ich ihr, sie solle doch den Felsen Felsen sein lassen und stattdessen einen Steingarten anlegen. Der Garten stünde für ihre Gaben und Talente und für all das Gute, das sie erlebt hatte. Der Fels würde natürlich stehen bleiben, aber dank ihm habe ihr Leben einen Charakter. In der Dunkelheit ihres Kampfes mit einem unverrückbaren Felsen wurde die Kraft Gottes in ihrem Leben und ihrem geistlichen Amt zur Vollkommenheit geführt.

Eine andere Schwester trug seit zwölf Jahren in ihrem geistlichen Amt und unter den Schwestern Führungsverantwortung. Bereits an ihrem ersten Tag erzählte sie mir, wie sehr sie sich immer auf ihre jährlichen Exerzitien freute. Sie hatte ein persönliches Ritual, wenn sie ihr Exerzitienzimmer betrat: Sie lud Jesus ein, mit ihr in den Raum zu kommen und dort während der acht Tage der Exerzitien gemeinsam mit ihr zu leben. Sie sagte überzeugend, dass Jesus sie bisher niemals enttäuscht habe. Doch dieses Mal konnte sie ihren Jesus nicht finden. Ihr Gebet war wie ausgetrocknet und ihr Gott weit weg. Da dies die ersten Exerzitien waren, die ich anleitete, war ich mir nicht sicher, wie ich mit solch einer Erfahrung umgehen sollte. Ich bat sie, mich jeden Tag aufzusuchen, und jeden Tag erzählte sie mir dasselbe. Ich erinnerte mich an meine eigenen Ordinationsexerzitien. Ich war überzeugt davon, dass Gott ihr sehr nahe war, doch ich konnte sie nicht davon überzeugen. Sie weinte in ihrer Traurigkeit und Entmutigung. Ihre Exerzitien bedeuteten ihr so viel und ihre Verbindung mit Jesus hatte ihr immer die Kraft für den Rest des anstrengenden Jahres gespendet. Sie legte ihr Vertrauen in meine Überzeugung, dass alles in Ordnung und Jesus in Tat und Wahrheit ganz nah bei ihr sei. Und dann, am sechsten Tag, kam sie zu mir und erzählte, dass Jesus gekommen sei, während sie schlief. Sie hatte ihre Augen geöffnet und den physischen Körper Jesu neben ihrem Bett gesehen. Sie erfuhr eine tiefe Herzensruhe und schlief wieder ein. Als sie aufwachte, war ihr Gebet zwar noch immer kraftlos; doch sie behielt ein tiefes Gefühl der Gegenwart Jesu.

Kurz nach der Klausur wurde diese Schwester gewählt, für alle Schwestern der Provinz Bombay die Verantwortung zu tragen. Dieses neue Amt brachte zwei unmittelbare Herausforderungen mit sich: Erstens war sie ihrem Vater stets treu ergeben und noch nie weit von ihm weg gewesen. Zweitens brachte die neue Verantwortung eine intensive Reisetätigkeit mit sich, und sie hasste es zu reisen. In den ersten Monaten ihres neuen Lebens wurde ihr geliebter Vater krank und starb. Sie hatte jedoch noch Zeit gehabt, zu ihm zu reisen und sich dann schmerzhaft von ihm zu verabschieden. Er sagte ihr, er wolle ihr die Freiheit geben, Gottes Werk zu verrichten, und er werde ihr immer nahe sein, auch nach seinem Tod. Sie erkannte, dass Menschen häufig für uns lebendiger werden, nachdem sie körperlich gestorben sind. Dann spüren wir ihre Nähe manchmal stärker als zu ihren Lebzeiten. Und auf eine geheimnisvolle und zugleich echte Art und Weise werden die Verstorbenen zu einer Quelle von Gottes Segen für ihre Lieben. Diese Schwester machte die Erfahrung, dass ihr Vater ihr während all ihrer Reisen sehr nah war, und sie fühlte seine Kraft, wenn sie sich mit den Problemen, denen sie begegnete, auseinandersetzte.

Nach ihrer Zeit als Vorgesetzte der Schwestern der Provinz Bombay wurde sie ins Führungsteam der Ordensgemeinschaft gewählt. Jetzt reiste sie ins Ausland und musste sich mit Themen beschäftigen, die die gesamte Kongregation betrafen. Auf ihren Reisen wurde sie in zwei schwere Unfälle verwickelt, die bei ihr bleibende körperliche Schmerzen hinterließen und ihr Gehirn in Mitleidenschaft zogen. Sogar mit diesen physischen und mentalen Leiden setzt sie ihre Reisetätigkeit bis heute fort. Doch sie erinnert mich daran, dass sie Jahre zuvor am Ende jener Exerzitien Gott eine Blankovollmacht ausgestellt hatte. In jedem dunklen Winkel ihrer Erfahrungen fühlt sie die Nähe von Gottes Gegenwart und die Wärme Seiner Liebe.

Noch dreißig Jahre später erinnern sich diese Schwestern an ihre Erfahrungen während der damaligen Exerzitien, welche für mich das erste Erlebnis als Leiter der Geistlichen Übungen gewesen waren. Für jede und jeden von uns war es eine Erfahrung des Entdeckens der Macht Gottes durch unsere Schwäche hindurch.

17
Die Dunkelheit der Sucht

DIE FLITTERWOCHEN MEINER ORDINATION DAUERTEN exakt drei Tage; danach erwartete man von mir, dass ich mein normales Leben und mein geistliches Amt wieder aufnehmen werde. Nachdem ich von jener herrlichen Exerzitienerfahrung zurückgekehrt war, bot ich an, in einem der von Mutter Teresa gegründeten Häuser zu arbeiten. Die zuständige Schwester dieses Hauses führte mich zu einem Mann aus dem Hilfspersonal. Er war Alkoholiker und die Schwester wollte, dass ich ihm half. Dies war ein ganz neuer Weg für mich, und alles, worauf ich mich stützen konnte, war die Erfahrung im Umgang mit meiner eigenen Dunkelheit sowie der Glaube, dass Gottes Kraft sich im Schwachsein vervollkommnet.

Dieser wunderbare Helfer hatte aufgrund seiner Trinksucht eine gute Arbeitsstelle eingebüßt. Seine Familie hatte ihn enterbt, und es wollte ihn keine Frau mehr heiraten. Ich nahm mich seiner an und erfuhr, dass er einer Gruppe der Anonymen Alkoholiker angehörte. Jedes Mal, wenn ich ins Haus kam, unterhielten wir uns und bald wurden wir Freunde. Eines Tages war er unauffindbar; mir wurde gesagt, er sei rückfällig geworden und hänge betrunken in einer der Kneipen herum. Nach ein paar Tagen ging er wieder zur Gruppe der AA und erschien im Haus, um seine Arbeit wieder aufzunehmen.

Wir führten ein langes und schwieriges Gespräch. Was ich ihm einzuschärfen versuchte, war, dass das, was er war, und das, was er tat, zwei unterschiedliche Dinge seien. Ich ging durch mehrere Bibelstellen, um ihm aufzuzeigen, dass er kein

Alkoholiker sei, sondern vielmehr nach dem Ebenbild und Gleichnis Gottes geschaffen, dass er der Atem Gottes und ein Kind Gottes war – und ja, dass er ein schwerwiegendes Problem habe, das dabei sei, sein Leben zu zerstören. Ohne sein Alkoholproblem kleinzureden, versuchte ich, ihm etwas anzubieten, das ihm Halt gab. Er war verantwortlich für sein Verhalten und musste für die Konsequenzen geradestehen. Doch er war ein Kind Gottes, und nichts und niemand konnte daran etwas ändern. Und weil er Gottes Kind war, liebte Gott ihn ganz und gar, bedingungslos, genauso wie der Vater seinen verlorenen Sohn geliebt und ihn zu einem Festessen eingeladen hatte. Das Verhalten des Helfers würde niemals Einfluss auf Gottes Liebe für ihn haben. Gott bot diesem Mann einfach alles an, auch wenn er in den Abgründen seiner Abhängigkeit lebte. Die Frage war, ob er den Mut hatte, diese Liebe anzunehmen.

Ich hatte das Gefühl, dem Mann zwei Stunden lang mit der Liebe Gottes im Nacken zu sitzen. Doch an einem bestimmten Punkt brach er zusammen, weinte und lieferte sich der kolossalen Liebe Gottes aus. Ich wusste, dass die Engel hoch erfreut waren. Der Mann fand in der von seiner Sucht erzeugten Dunkelheit zu einem neuen Leben: Er bekam seinen Arbeitsplatz zurück und wurde auch von seiner Familie wieder akzeptiert. Bis zu seinem Tod Jahre später führte er ein glückliches Leben als Ehemann. Er wurde nie wieder rückfällig, sondern fand in den spirituellen Gaben Gottes seinen Anker. Seine Verbindung mit Gott wurde wirklicher und sie floss über in sein Leben, seine Arbeit und in die Herzen der Menschen, die ihn umgaben. Er führte mich in die AA-Familie ein, und gemeinsam unternahmen wir Reisen, sodass viele weitere Menschen erfahren durften, was er erlebt hatte. Er starb einen schönen Tod. Er glaubte nicht, dass er als Alkoholiker angesehen wurde; er war ein Kind Gottes, das gegen die Sucht angekämpft und gewonnen hatte.

18
Gerettet durch ihren Sohn

Heute sagt Jesus zu jeder und jedem von uns: »Nun geh' und vergiss niemals, wer du bist: das Ebenbild und Gleichnis Gottes, der Atem und das geliebte Kind Gottes.«

NACH UNSEREM ERLEBNIS MIT DEM MANN, DER GEGEN den Alkoholismus angekämpft hatte, bat mich Schwester Pauline, einer weiteren Person zu helfen, die im Mutter-Teresa-Haus ehrenamtlich tätig war. Es handelte sich um eine junge Frau, die schwer drogenabhängig war. Wenn sie sich nicht gerade im Rausch befand, war sie in dem Hospital, in dem sie arbeitete, eine gute und effiziente Krankenschwester. Sie hatte eine einnehmende Persönlichkeit und kam mit allen Leuten gut aus. Doch sobald sie Drogen nahm, verwandelte sie sich in eine andere Person.

Als ich das erste Mal mit dieser Frau sprach, versuchte sie, mit mir zu flirten; sie dachte wohl, ich sei dann zuvorkommend und würde ihre Sucht einfach hinnehmen. Ich machte deutlich, dass ich sie als Person akzeptierte, sie aber nicht in ihrer andauernden Selbstzerstörung unterstützen würde. Im Wesentlichen brachte ich ihr gegenüber dasselbe zum Ausdruck, was ich dem Mann zu Beginn meiner Reise mit ihm gesagt hatte: dass sie das Ebenbild und Gleichnis Gottes sei, der Atem und ein geliebtes Kind Gottes. Sie war stark abhängig und brauchte professionelle Hilfe. Also teilte ihr mit, dass wir unsere Gespräche fortführen könnten, wenn sie Hilfe wolle. Sie wich meiner klaren Ansage aus. Alles was ich tun konnte, war, mit ihr in der Luft zu hängen.

Eines Tages, als sie unter dem Einfluss von Heroin stand, sprach sie über ihren zweijährigen Sohn. Ihr Ehemann war ebenfalls drogenabhängig und hatte begonnen, ihr und dem Kind gegenüber physisch und emotional ausfallend zu werden. Jetzt, da ich von dem Kind wusste, nutzte ich bei jeder Gelegenheit ihre Sorge um ihren Sohn und ihre Liebe zu ihm, um sie dahin zu bringen, die Wichtigkeit der Drogenunabhängigkeit zu erkennen. Wir waren uns darin einig, dass ihr Sohn sie brauchte. Sie gab zu, dass sie es ihrem Kind schuldete, ihm eine Chance auf ein besseres Leben zu verschaffen.

Was ihr letztendlich wieder einen Lebenssinn gab und das Verlangen nach Genesung, war die Sorge um das Kind, das in Dunkelheit lebte, während sie Drogen nahm. Ich glaube, dass die gute Krankenschwester in ihr wach wurde mit den wunderbaren Eigenschaften, die für das Wohl des Kindes gebraucht wurden. Und so kam sie schließlich wieder zur Besinnung und begann ein erfolgreiches Entzugsprogramm. Sie ließ sich von ihrem gewalttätigen Ehemann scheiden und zog ein wunderbares Kind groß. In diesem Prozess verwandelte sie sich in eine schöne und strahlende Frau, die zu sein Gott sie geschaffen hatte.

Sich ihrer dunklen Tage erinnernd, als Drogen ihr Leben beherrschten und kontrollierten, ist sie nun fähig, im Sonnenlicht von Gottes außerordentlicher Liebe zu ihr als freier Mensch zu leben. Diese Liebe ist kein Konzept, sondern eine wirkliche Erfahrung. Ihr Leben ist ein großes Beispiel dafür, wie machtvoll Gottes Liebe uns befreien kann. Erinnern wir uns an Jesu Worte zur Ehebrecherin: »Niemand hat dich verurteilt, und auch ich werde es nicht tun.« Heute sagt er zu dieser Frau wie auch zu jeder und jedem von uns: »Nun geh' und vergiss niemals, wer du bist: das Ebenbild und Gleichnis Gottes, der Atem und das geliebte Kind Gottes.«

19
Die Macht der Vergebung

MEINE ERSTEN JAHRE ALS JESUITENPRIESTER BRACHTEN mich in Kontakt zu Menschen mit tiefen psychischen und spirituellen Problemen. Also beschloss ich, klinische Psychologie zu studieren. Das sollte mir helfen, jene besser verstehen und unterstützen zu können, die mir geistlich anvertraut waren. Meine Liebe zum heiligen Ignatius drängte mich zu einem tieferen Erleben seines Weges wie auch meiner eigenen wachsenden Beziehung zu Gott. Meine Erfahrung mit menschlichen Problemen veranlasste mich, verschiedene psychologische Schulen zu erkunden. Doch trotz allem wollte ich auf keinen Fall vergessen, dass ich nur ein Werkzeug bin, durch das die Macht und die Weisheit Gottes auf andere wirken können.

Schon etliche Leute haben mir gesagt, ich fände, ohne neugierig oder aufdringlich zu sein, mit nachtwandlerischer Sicherheit einen Zugang zu genau jenen Lebensbereichen der Menschen, welche sie als Geheimnis sorgfältig behüten. Diese Fähigkeit mag eine Frucht meiner eigenen persönlichen Suche sein; bin ich doch andauernd am Erkunden der verschiedenen Abgründe und Einschnitte meiner Vergangenheit. Es vermittelt mir große Freude, den Schmerz des Vergangenen zu entdecken und freizulegen, die Gnaden in diesen Erfahrungen zu finden und dies alles dann dafür zu nutzen, anderen Menschen zu helfen, die ähnliche Erfahrungen gemacht haben.

Vor Jahren leitete ich eine Veranstaltung zu Psychologie und Spiritualität für eine Gruppe von Highschool-Lehrern. Eine sehr eloquente und kontaktfreudige Dame stach aus dieser Gruppe hervor. Nach der Veranstaltung kam sie zu mir, um mir mitzuteilen, wie sehr sie ihr gefallen hatte. Als sie zu sprechen aufhörte, sah ich ihr in die Augen und von irgendwo her kamen die folgenden Worte: »Sie verstecken irgendwelche Leichen und schützen diese unter Einsatz Ihres Lebens.« In dem Moment antwortete oder reagierte sie nicht konkret darauf, sondern quittierte meine Worte mit einem Lächeln. Doch als sie später wieder zuhause war, redete sie mit ihrem Ehemann darüber. Danach bat sie mich um ein persönliches Gespräch.

Als Kind war sie sexuell missbraucht worden, und sie wollte, dass ihr Mann das erfuhr, bevor sie mit mir darüber sprach. Sie erzähle mir, dass ein Hausangestellter sie sexuell belästigt hatte, als sie sieben Jahre alt war. Ich hatte den Verdacht, dass sogar noch vor dieser Zeit etwas vorgefallen war, und das sagte ich ihr. Plötzlich erinnerte sie sich daran, dass sie im Alter von vier oder fünf Jahren von einem Nachbarsjungen belästigt worden war. Als sie damals versucht hatte, ihrer Mutter davon zu erzählen, wurde sie von ihr geschlagen und aufgefordert, niemals wieder über solch schmutzige Angelegenheiten zu sprechen. Als sie später mit öffentlichen Bussen zum College und zurück fuhr, wurde sie verschiedentlich von fremden Männern bedrängt, die sich an ihren Körper drückten. Sie fühlte sich wie betäubt und hilflos. Sogar in ihrem Erwachsenenleben musste sie noch Missbrauch erleiden. Bei Familien- und gesellschaftlichen Anlässen war sie häufig Zielscheibe von Spott gewesen und hatte sich dies damit zu erklären versucht, dass sie clever und sehr sportlich war.

Dieser Frau antwortete ich sehr ähnlich wie den Menschen mit Alkohol- und Drogenproblemen: Ich betonte, dass sie das Ebenbild und Gleichnis Gottes, der Atem Gottes und Sein geliebtes Kind sei. Erst als sie diese Wahrheiten annehmen konnte, wurde sie fähig, ihre Würde als Mensch zu behaupten und den Respekt einzufordern, den ein Kind Gottes verlangen kann. Sie begann, sich selbst als ein Spiegelbild Gottes wertzuschätzen. Sie anerkannte all die guten Eigenschaften, mit denen Gott sie gesegnet hatte, und konnte schließlich ihren schönen Körper als den Tempel Gottes ehren, der er war. Sie schaffte es, sich so zu sehen, wie Gott es tat – mit vollkommener Akzeptanz und bedingungsloser Liebe.

Als diese Frau realisierte, wer sie als Kind Gottes wirklich war, begann sie ganz spontan, all denjenigen zu vergeben, die sie missbraucht hatten. Sie gelangte zur Überzeugung, dass diese Menschen keine Macht über ihr Glück hatten und auch keine Macht, sie weiterhin zu verletzen. Noch heute wächst sie weiter zu jenem schönen Menschen heran, als den Gott sie erdacht hat.

Aus ihrer Dunkelheit des Missbrauchs und der Heimlichkeit ging sie als Apostel hervor, gesandt zu anderen Menschen, die gequält wurden. An verschiedenen Schulen und Colleges teilte sie mit Studenten und Lehrkörpern ihre Geschichte, um darzulegen, wie Menschen sich selbst helfen und sich schützen können. Sie sprach mit Eltern in Kindergärten, schilderte ihre Erlebnisse und ermutigte sie, ihre Kinder ernst zu nehmen, wenn diese von Missbrauch erzählen. Sie war zu einem Instrument dafür geworden, dass Mädchen an Colleges die Hilfe erhalten, die sie benötigten, und vermochte sogar einige von ihnen vom Selbstmord abzuhalten.

Nachdem sie ihrem Ehemann die Wahrheit über ihre Vergangenheit erzählt hatte, wurde es ihm möglich, ihr beizustehen und bei ihrer Heilung zu helfen. Und so hatte sie sich aus der Dunkelheit des Schmerzes und des Opferseins in ein erneuertes Leben als Frau, Mutter und wirkungsvolle Ratgeberin bewegt.

20

Funken in der Dunkelheit

Jeder Hammerschlag an Negativität in meinem katholischen Wohnviertel schlug Funken meiner inneren Stärke und Freiheit.

MEIN LEBEN BEGANN MIT EINEM POSITIVEN KLANG UND ich wuchs in einem herzlichen und liebevollen Elternhaus auf. Ich wusste, dass ich ein außerordentlich erwünschtes Kind war und meinen Eltern Freude bereitete. Meine Mutter streckte der ganzen Welt ihre Hand in Mitgefühl aus. Mein Vater war ein guter und ehrlicher Mann, der sein ganzes Leben lang hart arbeitete.

Doch Dunkelheit überschattete diese Kindheit. Da meine Eltern arm waren, wurden sie von den Nachbarn unseres katholischen Wohnviertels nicht als ihresgleichen akzeptiert. Tatsächlich konnten wir finanziell nicht mit ihnen mithalten, doch wir waren auf andere Art beschenkt worden. Nichtsdestotrotz fanden unsere Nachbarn Wege, uns ihre Verachtung zu zeigen und uns den ihrer Meinung nach gebührenden Platz zuzuweisen. Kurz und gut, meine Eltern waren Opfer von Missgunst und Verspottung von Seiten der katholischen Prominenz unserer Nachbarschaft.

Missgunst rührt von der Angst her, es in diesem oder dem nächsten Leben nicht richtig hinzubekommen; diese Angst wiederum produziert ein Gefühl von Versagen und Zorn gegen sich selbst und andere. Die eigenen Begabungen und Errungenschaften wertzuschätzen, war in unserer Nachbarschaft nicht akzeptabel, da Wertschätzung oft mit Stolz verwechselt wurde – und als gute Katholiken wussten wir, dass

Stolz eine Sünde ist. Was uns antrieb, war nicht Dankbarkeit oder Wertschätzung, sondern die Angst vor der Hölle. Inbrünstig beteten wir zu den Heiligen, sie möchten Fürbitte für uns einlegen. Wir nahmen Bußen auf uns, die uns helfen sollten, Gottes Wohlgefallen zu verdienen. Alle Arten von Frömmigkeit und asketischen Übungen wurden organisiert und deren Ausführung gewissenhaft beobachtet.

Im Monat Mai wurde die Statue unserer Lieben Frau um jedes einzelne Haus getragen, und die Katholiken aus der Nachbarschaft versammelten sich, um den Rosenkranz zu beten. Nach besonderen familiären Andachten am einen Tag wurde die Statue am darauffolgenden Tag dann zum nächsten Haus getragen. Zur Fastenzeit wurde gemeinschaftlich gebetet, kasteit und gebüßt. Die Leute hörten kein Radio mehr, schauten kein Fernsehen, gingen nicht ins Kino, tranken keinen Alkohol und unterließen Aktivitäten, an denen sie sich normalerweise erfreuten. Die Bischöfe empfahlen das Bibellesen als gute Fastenübung. Sie forderten uns auch auf, den Kreuzweg zu gehen und auf den Verzehr von Fleisch zu verzichten. Die wöchentliche Beichte war der einfache Ausweg aus dem sündhaften und unvollkommenen Leben. All diese Praktiken wurden empfohlen, um Gottes Barmherzigkeit für uns und die Welt zu gewinnen. Doch statt Liebe und Frieden zu fördern, erzeugten viele dieser Übungen noch mehr Schuld, Angst und Sorgen.

Seltsamerweise waren es just dieser herrschende Neid und die Angst und Schuld verstärkenden Praktiken des katholischen Gettos, die mir meine eigene Schönheit und Stärke bewusst machten. Angewidert von dieser Nachbarschaft und der Kirche, konzentrierte ich mich auf meine Zeit in der Schule, wo ich die Möglichkeit fand, mich zu entwickeln und mich zu zeigen. Ich war sehr gut im Sport, was mir half, mich außerhalb der kirchlichen Kultur zurechtzufinden. Ich erfuhr, was es bedeutet, Teamgeist zu entwickeln, anstatt dauernd mit anderen zu konkurrieren. Wir wurden angeleitet zusammenzuarbeiten. Wir gaben unser Bestes und wir spielten bis zum Schluss. Und das Wichtigste war: Wir lernten, dass nicht die Frage des Gewinnens oder Verlierens im Vordergrund stand; es ging schlicht und einfach darum, unsere beste Seite zu zeigen. Unabhängig davon, ob wir gewannen oder verloren, bedankten wir uns bei den anderen Teams für das Spiel und beglückwünschten sie. Wir waren nicht auf einem Schlachtfeld, auf dem wir um jeden Preis gewinnen mussten; wir waren auf dem Sportplatz, auf dem wir für das Spiel des Lebens trainierten. Während meiner Schulzeit engagierte ich mich im Wohlfahrtsverband, durch den ich mit den weniger Begünstigten in Kontakt kam. Ich war nicht darauf aus, Menschen an ihrem Vorwärtskommen zu hindern, und auch nicht darum besorgt, dass ihr Erfolg meinem eigenen im Weg stehen könnte. Wir lernten, dass wir alle miteinander verbunden waren; egal, was einem von uns widerfuhr, es hatte einen Einfluss auf den Rest von uns. Meine Eltern förderten diese Werte durch ihre Erziehung und noch mehr durch ihr Vorbild.

Jeder Hammerschlag an Negativität in dem katholischen Wohnviertel schlug Funken meiner inneren Stärke und Freiheit. Ich schaffte es, aus jener von Angst und Sorgen geprägten Kultur auszubrechen. Ich fühlte mich wie ein Adler, der dem Hühnerstall entkommen war und nun hoch am Himmel dahinglitt. Und von diesem guten Aussichtspunkt aus konnte ich auf mein Wohnviertel hinabschauen und für die Menschen dort Trauer empfinden.

Die Auseinandersetzungen und das Wirrwarr dieser Nachbarschaft während meiner Kindheit spiegelte sich in einem Traum, den ich in jenen Tagen immer wieder hatte: Ich sah Männer, die meinen Vater in den Durchgang vor unserem Haus führten. Während er friedlich auf einer großen Kohlenkiste saß, schlugen sie ihm einen großen Nagel in den Kopf. Auf eine Art fasste dieser Traum das Lebensmuster meines Vaters zusammen: Worauf er auch stieß, er akzeptierte alles, als von Gott gewollt oder als Gottes Plan. Er ließ andere ihn überfahren und im Leben weiter vorankommen. Gleichzeitig hinterfragte er dauernd seine Glaubensgrundsätze und sein Vertrauen. Mein Vater hatte in der Arbeitswelt keinen Aufstieg aufzuweisen, doch wuchs er an Weisheit und Gnade.

Der Traum erzählte genauso über mein Leben. Ich sehe mich selbst auf dieser großen Kiste voller Kohlen sitzen – Kohlestücke, die das Potenzial haben, Diamanten zu werden. Kohle lässt sich nicht so einfach entzünden wie Holz oder Benzin, doch wenn sie einmal begonnen hat zu brennen, erzeugt sie lang andauerndes Feuer und Wärme. Ebenso musste ich daran arbeiten, meine Begabungen und Gott-gegebenen Talente zu entwickeln. Hatten diese Geschenke erst einmal Feuer gefangen, brannten sie lange. Jedes brennende Kohlestück half dabei, andere Kohlestücke anzufachen, und wenn dieser Vorgang erst einmal begonnen hatte, war es schwer, die Kohleglut wieder zu löschen. Diese brennenden Kohlestücke vermochten auch denjenigen, die mir nahekamen, Wärme und Licht zu spenden. Wenn ich auf mein bisheriges Leben zurückblicke, erkenne ich, dass ich nicht immer beliebt war, aber ich wurde respektiert. Ich mag nicht so viele Freunde gehabt haben, doch es war mir möglich, meine Kollegen zu inspirieren. Und einige der Kohlestücke in mir haben sich tatsächlich in wertvolle Diamanten verwandelt. Und der Prozess dauert an!

21

Das Leben in der Dunkelheit meiner Religion

DAS LEBEN HATTE SEINE EIGENE GEHEIMNISVOLLE ART, die Redlichkeit meiner Eltern zu belohnen. Als ich zwölf Jahre alt war, zog meine Familie aus dieser sehr katholischen in eine nicht-christliche Gegend. In der Dunkelheit meines Heranwachsens begann ich, nach meiner eigenen Identität zu suchen. Ich hatte hart gegen diejenige Identität angekämpft, die mir die katholische Nachbarschaft hatte überstülpen wollen, aber ich wusste nicht, wo ich nach meinen Wurzeln suchen sollte. In der neuen Umgebung waren wir gerade einmal vier christliche unter zweihundert mehrheitlich hinduistischen sowie einigen muslemischen, zoroastrischen und sogar ein paar wenigen jüdischen Familien. Diese neue Situation war zwar chaotisch, doch sie war auch ein Geschenk, das den Rest meines Lebens verändern sollte. Ich musste meine traditionellen katholischen Werte inmitten einer ausgeprägt hinduistischen Atmosphäre leben. Der Gegensatz war offensichtlich und unglaublich.

In unserer alten Nachbarschaft hatte uns eine Gehirnwäsche glauben machen wollen, alle nicht-katholischen Nachbarn lebten in Finsternis. Wir Katholiken waren die Einzigen, die dem wahren Gott huldigten, nur unser Glaube war der wahre und ausschließlich wir konnten es in den Himmel schaffen. Die Priester hatten ihr Bestes gegeben, uns einzupauken, dass alles, was Menschen anderer Religionszugehörigkeit taten, des Teufels sei und dass wir, falls wir deren Symbole oder Angewohnheiten in unseren Alltag übernähmen, automatisch in die Hölle kämen. Sogar eine so unbedeutende Angelegenheit wie das Abbrennen von Räucherstäbchen wurde in unseren katholischen Häusern als hinduistischer Ritus und Brauch angesehen.

Unterstützt durch die Gabe meines Vaters, Dinge zu hinterfragen, und das Mitgefühl meiner Mutter für die Welt fing ich an, mir mein Leben in dieser multikulturellen Nachbarschaft genauer anzuschauen. Ich brachte den Mut auf, in diese Dunkelheit – oder vielmehr in dieses Unbekannte – der nicht-katholischen Welt einzudringen, und begann ein weiteres Mal, in meinem Leben Weisheit und Neues zu erfahren. Dank meiner Kindheitserfahrungen wusste ich, dass ich meinen eigenen Weg finden musste. Ich musste mich von dem engen und verdrehten Gottesbild befreien: diesem grimmigen Richter, Der absolute Hingabe zu Seiner Kirche und deren Lehren einforderte. Ich musste eine Beziehung mit Gott auflösen, die von Schuld, Sorge und Angst besessen war. Ohne zu wissen, was ich finden würde, machte ich einen Schritt in die Kultur hinein, die mein Erbe als Inder war, in eine Kultur, die seit über fünftausend Jahren mit ausdauerndem Herzen Gott gesucht und eine lebendige Spiritualität entwickelt hatte.

Im Hinduismus begegnete ich neuen Glaubensqualitäten und Eigenschaften, die eine Seele wieder gesund machten, die beschädigt worden war – nicht vom Christentum in seiner reiner Form, aber von einem sektenartigen Konstrukt des christlichen Glaubens. Der Hinduismus feierte Gott und das Leben und hegte keine Verachtung für persönliches Vergnügen. Das hinduistische Selbstverständnis vertraute darauf, dass das Göttliche bereits tief in der menschlichen Seele gegenwärtig war. Und der Hindu-Gott war ein persönlicher, im Alltag eng vertrauter Gott – ein massiver Widerspruch zum Gottesbild, das die katholische Kultur damals und dort propagierte: einer weit entfernten Gestalt, die das Große Andere war. Am ausschlaggebendsten war wohl der Unterschied, dass der Hindu-Gott weder weiß noch männlich war.

Schon als Kind begriff ich, dass diese Eigenschaften der hindu-religiösen Erfahrung mir ein gesünderes Glaubensleben bieten konnten. Und langsam öffnete ich mich für die Weisheit der östlichen spirituellen Traditionen. Doch ich wusste, dass ich diese Öffnung auf mich allein gestellt vollziehen musste. Auf der einen Seite war da mein spiritueller Führer, der aus Spanien kam und gewissenhaft konservativ war; auf der anderen Seite stand eine Kirche, die auf Gottes Gericht und Strafe gründete. Tief in meinem Herzen wusste ich, dass es noch einen anderen Weg geben musste. Ich spürte den Nagel aus meinen Kindheitstraum, der meinen Kopf und mein Denken zersplitterte und mich zu einem neuen Abenteuer trieb.

Also beobachtete ich meine Hindu-Nachbarn sehr genau. Ich hörte ihren religiösen Erzählungen zu; ich schaute darauf, wie sie lebten, und sah, dass sie zufrieden, offen und durchaus spirituell waren. Und obwohl wir Christen waren, hießen sie uns immer zu ihren religiösen Feiern willkommen und wollten Teil unseres christlichen Lebens sein. Ihre Art zu beten brachte mich näher zu einem Gott, Der ein Vertrauter war, immer in Liebe und fürsorglich, einem verspielten Gott, Der uns dazu ermunterte, die rechtmäßigen Vergnügen des Lebens zu genießen.

Da ich ein introvertierter Mensch bin, verbrachte ich Stunden damit, nach einem tieferen und mich stärker befreienden Gotteserlebnis und den Antworten auf meine Gewissenskämpfe Ausschau zu halten. Ich suchte im nächtlichen Himmel und auf meinen einsamen Strandspaziergängen und dachte über die Geheimnisse Gottes und die Mysterien des Lebens nach.

22
Das Scheitern und das wahre Selbst

Einer der Seelenzustände, die uns am häufigsten von der Spiritualität abhalten können, ist die Angst zu versagen.

EBENSO WIE MEIN VATER, WAR MEINE MUTTER IN DER katholischen Tradition erzogen worden. Sie war in Ostafrika, wo ihr Vater für die Engländer gearbeitet hatte, geboren worden. Als sie sechs Jahre alt war, wurde sie per Schiff zurück nach Indien in ein katholisches Internat geschickt. Obwohl sie ihre eigenen Begabungen und Talente entwickelte, blieben ihr doch immer die Widersprüche in Erinnerung, die sie an den Schwestern beobachtet hatte, die das Internat leiteten. Als sie viele Jahre später von dem Jesuiten Anthony de Mello gefragt wurde, ob sie in das Kloster eintreten möchte, antwortete sie sofort mit einem entschiedenen: »Niemals!« De Mello scherzte, er werde sie zur Mutter Oberin befördern. Sie entgegnete ihm, als Mutter Oberin wäre ihre erste Handlung die Schließung des Klosters. Natürlich pflegte sie ihr ganzes Leben lang wunderbare Freundschaften mit Nonnen, doch lehnte sie die Widersprüche und Ungerechtigkeiten ab, die sie selbst im Internat erlebt hatte.

In der Dunkelheit ihrer Kindheit erkannte meine Mutter, dass Priester und Nonnen nicht besser und nicht schlechter waren als der Rest der Menschheit. Sie stellte sie nicht auf einen Sockel und war davon überzeugt, dass vor den Augen Gottes alle Menschen gleich sind. Sie zögerte nicht, es den Priestern und Nonnen zu sagen, wenn sie dachte, diese seien im Unrecht; sogar Anthony de Mello und meine Jesuiten-

Superioren forderte sie von Zeit zu Zeit heraus. Ich betrachtete meine Mutter mit Ehrfurcht und Bewunderung. Inmitten der Dunkelheit ihres Lebens hatte sie Weisheit gefunden. Sogar unter Beschuss durch die negative Energie derjenigen, die sehr unchristlich lebten, erfuhr sie die Kraft ihres wahren Selbsts und übte liebevolle Güte, von der sie wusste, dass sie eine Göttliche Eigenschaft war.

Die Weisheit meiner Mutter im Angesicht negativer Erlebnisse pflanzte sich im Laufe der Jahre in meinem eigenen Leben fort. So entschied sie eines Tages, dass ich Messdiener werden sollte. Sie kaufte mir ein lateinisches Gebetsbuch, und ich lernte meine Gebete und war schon bald in der Lage, meiner ersten Messe zu dienen. Mein Vater ging jeden Tag zur Kirche; Sie können sich vorstellen, wie sehr er sich darauf freute, seinen Sohn erstmalig als Messdiener zu erleben. Dies war zu Zeiten vor dem Zweiten Vatikanischen Konzil, als noch Privatmessen an den Nebenaltären zugelassen waren. Zu Beginn sagte ich meine Messgebete noch ordentlich auf. Dann, während ich das lateinische Schuldbekenntnis »Ich bekenne« murmelte, warf ich meinen Kopf in Richtung des Priesters (so, wie ich es gelernt hatte), schlug mich auf die Brust, warf anschließend den Kopf wieder vom Priester weg und beendete meinen Teil. Ich wartete darauf, dass der Priester mit der Messe fortfuhr, doch er hielt für einen Moment inne und dann schrie er: »Was hast du gesagt? Sprich das Gebet noch einmal!« Ich begann also nochmals von vorne, doch er unterbrach mich und schrie wieder: »Mach, dass du hier verschwindest. Lern erst einmal deine Gebete, bevor du wiederkommst.« Beschämt ging ich hinaus, da mein Vater Zeuge geworden war, wie ich vor der ganzen Kirchengemeinde hinausgeworfen wurde.

Doch hier kamen die Gabe des Mitgefühls meiner Mutter und grenzenlose Möglichkeiten ins Spiel. Innerhalb dieses dunklen Augenblicks entdeckte ich die Fähigkeit, mit dem Leben zu fließen, ohne der negativen Erfahrung Macht über mich zuzugestehen. Ich hörte meinen Vater niemals über diesen Vorfall sprechen, doch ich stelle mir sein zufriedenes Lächeln vor, als er beobachtete, wie ich diese Situation meisterte. Ich sah nämlich einen anderen Priester ohne einen Messdiener aus der Sakristei kommen und bot diesem an, ihm als Ministrant zu dienen. Ihm war es egal, ob ich meine Gebete perfekt beherrschte oder mich an der richtigen Stelle auf die Brust schlug. Von diesem Moment an bis zu dem Zeitpunkt, als ich mich den Jesuiten anschloss, war ich jeden Tag Messdiener. Ich fühlte mich immer sicherer mit meinen Gebeten und meinem Dienst am Altar.

Mein Engagement als Ministrant war eine Spiegelung dessen, was ich als Sportler gelernt hatte – ich war jeden Tag am Altar, bei gutem und bei schlechtem Wetter. Auch als meine Familie umzog, diente ich weiterhin Tag für Tag als Ministrant, obwohl ich nun, um zur Kirche zu kommen, den Zug nehmen musste und der Weg zur Schule jedes Mal vierzig Minuten dauerte. Ich ging zur ersten Messe, rannte danach buchstäblich zurück nach Hause, schnappte mir ein schnelles Frühstück und lief wieder zur Schule. Dieses Programm zog ich jahrelang durch, bis ich mit der Highschool fertig war.

Nach drei Jahren wurde ich gewählt, die Messdiener anzuführen. Als Leiter war es meine Aufgabe, eine Rede vorzubereiten und diese vor der ganzen Gruppe zu halten, was ich zitternd und unter Schweißausbrüchen dann auch tat. Ohne Zweifel war dieser Vortrag ein ziemliches Schlamassel, aber ich hatte zumindest meinen Mund geöffnet und die Erde hatte mich nicht verschluckt. Seit meinen Rauswurf aus der Messe, weil ich meine lateinischen Gebete nicht richtig beherrschte, hatte ich meine Angst zu versagen und Fehler zu machen überwunden. Jener chaotische erste Vortrag wurde zum Moment, in dem die Samen für mein späteres Leben als öffentlicher Redner gesät wurden. Stellen Sie sich vor, ich hätte diesem ersten Priester erlaubt, meinem Dienst am Altar ein für alle Mal ein Ende zu bereiten!

Später wollte ich der Handelsmarine beitreten. Dieser Wunsch hatte überhaupt nichts mit dem Verlangen zu tun, Menschen zu begegnen oder die Welt zu sehen. Vielmehr verzauberten mich die Herausforderung und das Geheimnis des Meeres. Es war der Wunsch, das Abenteuer des Grenzenlosen und des Unbekannten zu erleben. Doch mein spiritueller Führer gab mir zu verstehen, das Leben eines Seemanns sei sündhaft, und er lenkte meine Energie in Richtung Priesterschaft. Als meine Mutter hörte, dass ich Priester werden wollte, war sie sehr verärgert und sagte, sie würde niemals ihre Einwilligung dazu geben. Meine Mutter war überzeugt davon, dass meine Begabungen und Talente in einem anderen Beruf besser zur Anwendung kämen. Sie glaubte, dass ich Gott besser zur Ehre gereichen würde, wenn ich die medizinische Fakultät besuchte. Ich könnte dann in Mitgefühl und Liebe denjenigen helfen, die Leid erfuhren; ich könnte Leben retten. Sie glaubte, dass die Herausforderung der Priesterschaft mich niemals befriedigen und ausfüllen könne. Die Priesterschaft und das jesuitische Leben würden mich von den unendlichen Möglichkeiten abhalten, die das Leben mir zu bieten hatte.

Im Gegensatz zu ihr unterstützte mein Vater uns in allem, was wir tun wollten. Ich bekam ihn dazu, meine Papiere zu unterzeichnen, und bald nach der Highschool schloss ich mich den Jesuiten an. Durch die Liebe, die uns verband, konnte ich Entscheidungen treffen, die im Widerspruch zu meinen Eltern lagen, und trotzdem deren andauernde Liebe für mich spüren.

Wenn ich auf diese Zeit zurückblicke, sehe ich mich als einen Seemann, aber auf spirituellem Gebiet. Ich kann mich sehen, wie ich in meinem Privatleben und in meinem geistlichen Amt mich durch das Abenteuer der Grenzenlosigkeit und des Unbekannten hindurcharbeite. Ich fand den Mut, über kirchliche Grenzen hinauszugehen und nach neuen Horizonten in jedem einzelnen Aspekt meines Lebens zu forschen. Der Traum meiner Mutter, ich möge durch einen medizinischen Beruf Leben retten, wurde nun dadurch erfüllt, dass ich Seelen heilte und den menschlichen Geist derjenigen entfachte, die in meinen Einflusskreis kamen.

In der Vorbereitung des Eucharistischen Weltkongresses, der 1964 in Bombay stattfand, trat ich dem Schulchor bei. Nach etwa einem Monat nahm mich der Chorleiter während der Probe beiseite. Er ließ mich alleine vorsingen und warf mich aus dem Chor, da ich die Noten nicht richtig traf. Eine Woche nach diesem Ereignis starb der Chorleiter und meine Mutter bat seinen Nachfolger, mich wieder aufzunehmen. Nun lernte ich, meinen Mund zu öffnen, ohne dass irgendjemand einen Ton zu hören bekam. Später, als ich bei den Jesuiten war, fing ich erneut an zu singen. Nach kurzer Zeit beherrschte ich Soli und Liturgien – sowohl während unserer Gottesdienste als auch an größeren Veranstaltungsorten. Ich fand heraus, dass ich wirklich singen konnte, und später schauspielerte ich sogar ein wenig. Wie bereits zuvor hatte sich also etwas, das ziemlich schlecht begonnen hatte, zu einem Wachstumserlebnis entwickelt.

Einer der Seelenzustände, die uns am häufigsten von der Spiritualität abhalten können, ist die Angst zu versagen. Eine weitere wenig dienliche Charaktereigenschaft ist unsere Bereitschaft, den negativen Meinungen anderer über uns selbst Glauben zu schenken. Furcht und Negativität sind die vorherrschenden Formen der Dunkelheit, doch wenn wir unsere Lebensreise mit einem anhaltenden Gefühl für die Möglichkeiten unternehmen – einem Sinn, den ich bei meinen Eltern beobachtete und insbesondere von meiner Mutter lernte –, können wir als jemand daraus wieder auftauchen, der mehr das ist, was wir wirklich sind, und fähiger werden, in jenes Selbst hineinzuwachsen, das von Gott geschaffen und geliebt wird.

23

Geheilt, aber nicht kuriert

KURZ NACH DEM ABITUR TRAT ICH DEN JESUITEN BEI und verbrachte ein Jahr in Rom. Meine Eltern waren noch nie außerhalb Indiens gewesen und so entschloss sich meine Schwester, mich zusammen mit ihnen und dem Rest meiner Verwandtschaft zu besuchen. Sie hatte das Gefühl, dass wir es unseren Eltern schuldig sein, ihnen eine Auslandsreise zu schenken. Gemeinsam besuchten wir die verschiedenen Heiligtümer und Schauplätze Roms, doch das Herz meiner Mutter verlangte besonders danach, zwei Orte zu sehen: Lourdes und Padua.

Wie eine Pilgerin betete meine Mutter den Rosenkranz, feierte das Abendmahl und badete im Wasser von Lourdes – alles mit großer Hingabe. Auf unserem Weg zurück nach Rom sagte sie zu mir: »Ich bin zwar nicht kuriert, aber ich habe Heilung erfahren!« Ich habe oft über diese Worte nachgedacht, die mich damals verwundert hatten. Ich weiß nicht, nach welcher Art Kur sie gesucht hatte, doch sie war geheilt. In der Dunkelheit ihrer Krankheit fand sie durch das Geschenk eines geheilten Geistes inneren Frieden.

Nachdem wir von unserem Erlebnis in Lourdes wieder zurück in Rom waren, bot meine Schwester an, meine Mutter zum Grab des heiligen Antonius von Padua zu begleiten. Als sich meine Mutter an dieser Kultstätte ihres Lieblingsheiligen aufhielt, wurde ihr ganzes Wesen transformiert und sie geriet in Verzückung. Es war, als ob sich ihr ganzes Leben allein durch diese Erfahrung gelohnt hätte.

Meine Mutter war nach dem heiligen Antonius benannt worden. Sie behauptete, dass er ihr Pate sei, und hatte eine enge und lebendige Beziehung zu ihm aufgebaut. Sie vertraute ihm so sehr, dass sie ihn dazu bringen konnte, alles wiederzufinden, was verloren gegangen war. Ich war darüber erstaunt, wie sie vorging und wie ihr einfacher Glaube Wunder bewirkte. Oft lehnte ich mich mit dem für einen Jesuiten typisch rationalen Verstand zurück, wenn meine Mutter telefonierte. Einige unserer nicht-christlichen Freunde riefen sie immer mal wieder an und baten um Hilfe, wenn sie etwas Kostbares verloren hatten; sie sollte in dieser Angelegenheit zu ihrem Heiligen beten. In aller Unschuld, doch mit großer innerer Überzeugung sagte sie den Freunden, dass sie an einem bestimmten Platz in ihrem Haus nachschauen sollten. Wenn dann als Antwort kam, sie hätten dort bereits nachgeschaut, bestand meine Mutter darauf, dass sie es nochmals versuchten. Ein paar Tage später gaben die Freunde meiner Mutter dann Bescheid, sie hätten das Vermisste genau an jenem Ort wiedergefunden. Meine Mutter war kein einziges Mal persönlich in einem dieser Häuser gewesen. Diese nichtchristlichen Freunde fragten meine Mutter dann, wieviel sie dem heiligen Antonius als Dank für diesen Gefallen schuldeten. Ihre Antwort war: »Finde einen armen Menschen auf der Straße, der euch das Geld nicht zurückgeben kann, und gib ihm, was dein Herz dir sagt.«

Etwa einen Monat, nachdem meine Familie von einer Wallfahrt nach Bombay zurückkehrte, bekam meine Mutter heftige Bauchschmerzen. Im Krankenhaus stellten die Ärzte fest, dass sie Gallensteine hatte. Aber statt das Problem an der Wurzel zu packen, behandelten sie nur die Symptome. Sie kam vom Regen in die Traufe, bis meine Familie sie in ein anderes Krankenhaus brachte, wo die Chirurgen sie unverzüglich operierten. Sie entdeckten eine entzündete Bauchspeicheldrüse; unterdessen war der Zustand meiner Mutter kritisch.

Meine Superioren riefen mich von Rom nach Indien zurück, um meiner Familie Beistand zu leisten, während meine

Mutter um ihr Leben kämpfte. Als ich sie im Krankenhaus besuchen ging, erkannte ich sie kaum. Ihre Hautfarbe hatte sich drastisch verändert, war nicht mehr strahlend und gesund, sondern stumpf und krank. Sie schien über Nacht gealtert zu sein und all ihre jugendlichen und schönen Gesichtszüge eingebüßt zu haben. Noch schlimmer war, dass ihr optimistischer und heiterer Geist von andauernden körperlichen Schmerzen und Teilnahmslosigkeit überschattet war.

Wir waren nicht darauf vorbereitet, unsere Mutter zu verlieren. Sie war ein Mensch, der niemals aufgab, und nichts war für sie unmöglich. Doch ihr körperlicher Zustand verschlechterte sich zusehends. Sie war am 13. Juni geboren, am Namenstag des heiligen Antonius von Padua. Als wir am 13. November im Krankenhaus an ihrem Bett saßen, wussten wir, sie würde genau an diesem Tag entweder eine uns überraschende Kehrtwende machen oder sterben. Sie entschloss sich weiterzuziehen, um zu Gott und ihrem Lieblingsheiligen Antonius zu gehen.

Am Tag, als meine Mutter starb, lasen wir zuhause im engsten Familienkreis die Messe. Während des Gottesdienstes sagten mein Vater und wir Geschwister unserer Mutter ein letztes Mal, was für ein wunderbares und besonderes Geschenk sie für jeden von uns gewesen war. Mir hatte sie das Wissen um die unbegrenzten Möglichkeiten vermacht. Wir dankten Gott für die wundervolle Freude, die Er uns allen mit unserer Mutter gemacht hatte, und bereiteten uns dann auf ihre Beerdigung vor.

Es war für uns wenig überraschend, dass sowohl die einfachen Menschen von der Straße als auch solche in Limousinen an der Beisetzung teilnahmen – es waren alle gekommen, die eine private und besondere Beziehung zu meiner Mutter gepflegt hatten. Sie konnten nicht glauben, dass ihre so jung wirkende und energische Freundin gestorben war. An ihrer Beerdigung predigte ich über ihre schönen Tugenden und die liebevolle Güte als ihre hervorstechendste Eigenschaft.

Ich erinnerte mich daran, wie sie einst keinerlei Mühe scheute, ein besonderes Mahl für genau die Leute in unserer Nachbarschaft zuzubereiten, die sich sehr unfreundlich gegenüber unserer Familie gezeigt hatten. Sie bewirtete und behandelte sie, als ob es sich um lang vermisste Freunde handelte. Ich hege keinen Zweifel daran, dass meine Mutter, hätte sie sich wieder von ihrer Krankheit erholt, als Erstes genau die Ärzte und Krankenschwestern zum Essen eingeladen hätte, welche sie zunächst derart falsch behandelt hatten, dass ihr Zustand sich sogar verschlechtere.

In der Dunkelheit der Krankheit und des Todes meiner Mutter konnte ich Zeuge davon werden, wie sehr sie doch strahlte. Nun hatten mein Vater, meine Geschwister und ich, gemeinsam mit anderen, die ihr zugetan waren, alle Zeit der Welt, die große Liebe, die sie für jeden von uns verspürt hatte, in uns aufzunehmen und diese Liebe zurückzugeben, indem wir sie durch die großen Begabungen ausdrückten, die unsere Mutter uns mit ihren außerordentlichen Eigenschaften hinterlassen hatte.

24

Verloren und gefunden

DIE LANGEN SPAZIERGÄNGE, DIE MEIN VATER UND ICH miteinander unternahmen, als ich klein war, sind aus meinen frühesten Erinnerungen nicht wegzudenken. Er nahm mich nie bei der Hand, doch an seiner Seite fühlte ich mich sicher. In seiner liebevollen Gegenwart spürte ich immer, dass ich umsorgt und geliebt wurde. Er schenkte mir die Liebe fürs Spazierengehen und brachte mir bei, das Leben in mich aufzunehmen, so wie es sich überall um uns herum abspielte. Ich achtete auf die Menschen, auf die unterschiedlichen Gebäude und auf die Natur. Unsere Spaziergänge endeten in der Regel an der Küste, und schweigend beobachteten wir das Meer, die Schiffe und die Meeresvögel. Wir nahmen den riesigen, unsere Welt überblickenden Himmel in uns auf. Ich lernte, Teil dieses geheimnisvollen und majestätischen Nachthimmels zu sein. Dieser Übung bin ich seither immer treu geblieben.

Mein Vater hatte seine kleinen Lieblingsplätze, wo wir Rast machten und uns etwas zum Essen besorgten. Während mein Körper gefüttert wurde, nährte mein Vater, indem er seine Gelehrsamkeit auf eine Weise teilte, die ich als kleines Kind verstehen konnte, auch meine Seele. Ich lernte, unabhängig zu sein, und brauchte keine Hand eines anderen, um auf meinem eigenen Lebensweg voranzuschreiten. Außerdem brachte mein Vater mir bei, im Denken und im Glauben unabhängig zu sein. Er lehrte vor allem dadurch, dass er Fragen aufwarf. Die Antworten waren nicht wichtig. Er wusste, dass uns die Antworten finden, wenn die Zeit dafür reif ist.

Als ich sechs Jahre alt war, wurde ich zur Jesuitenschule geschickt, wo bereits mein Vater und mein Großvater gelernt hatten. Während der ersten sechs Monate begleitete mich mein Vater zur Schule; dann ließ er mich allein meinen Weg durch die belebten Straßen finden. Andere Eltern vertrauten ihre Kinder manchmal meiner Obhut an, um sicherzugehen, dass diese auch wirklich in der Schule ankamen.

Eines Tages aber, als ich in der dritten Klasse war, hörte der Unterricht früher auf und ich beschloss, zum Spielen zum Haus eines Freundes zu gehen. Darüber verlor ich mein Gefühl für die Uhrzeit und wollte, weil ich befürchtete, zu spät nach Hause zu kommen, eine Abkürzung nehmen. Schnell verlief ich mich. Ich ging weiter und weiter; jede Straße kam mir bekannt vor, doch sie führten mich immer weiter weg von meinem Zuhause. Nach ungefähr einer Stunde begann ich zu beten. Während ich betete und verzweifelt nach dem Heimweg suchte, stahl eine Gruppe Straßenkinder meinen

Regenumhang und rannte damit weg. Jetzt bekam ich es mit der Angst zu tun, weinte und betete noch inbrünstiger.

Ich erinnere mich noch immer an die Menschenmassen, die nach der Arbeit auf ihrem Nachhauseweg waren. Niemand machte Halt, um nach mir zu schauen. Ich dachte an mein Zuhause und fragte mich, ob ich jemals wieder zurückfinden würde. Dann hielt mich ein armer Mann mit einem Kohlekorb auf seinem Kopf an (diese Kohlehändler gingen von Haus zu Haus, um ihre Ware zu verkaufen) und fragte, was geschehen sei. Ich erklärte ihm, ich hätte mich verlaufen. Er fragte, wo ich denn wohne, und ich antwortete: »Prinzessinnen-Straße«. Er wusste aber nicht, wo sich diese befand, und so nahm er mich mit zur Endstation der Straßenbahn und sprach mit einem Schaffner. Der arme Mann gab mir das Fahrgeld und ging seines Weges. Das Gesicht dieses barmherzigen Samariters habe ich vergessen, doch das Bild seiner kohleverschmutzten Kleidung und der Klang seiner freundlichen Stimme sind mir nie abhandengekommen. Unterdessen war die Sonne untergegangen und meine Familie war in großer Sorge um mich. Kerzen waren angezündet worden und man hatte hingebungsvoll gebetet, während mein Vater und die Nachbarn auf der Suche nach mir waren. Ich stieg aus der Straßenbahn und lief nach Hause in die Arme meine Mutter.

Noch heute verfüge ich über keinen guten Orientierungssinn und verlaufe mich sehr leicht. Aber es macht mir keine Angst mehr. Ich weiß, dass ich Verbindung mit guten Samaritern aufnehmen kann, die mir den Heimweg zeigen werden. Dank der Erfahrung, mich zu verlaufen, habe ich Orte gesehen, die ich ansonsten nie kennengelernt hätte, und überaus freundliche, manchmal auch äußerst interessante Menschen getroffen, denen ich auf anderen Wegen nie begegnet wäre.

Das Erlebnis des Verlaufens ist auch eine gute Metapher für meine psychologische und spirituelle Reise. Im inneren

Leben war es mir möglich, denselben Abenteuergeist zu entwickeln, und ich habe keine Angst verlorenzugehen. In den dunklen Schatten und Spalten des Verlorenseins verstehe ich die Bedeutung des chinesischen Sprichworts: »Du kannst nichts finden, bis du nicht alles verloren hast.« Ich bin auf Weisheiten gestoßen und habe Einsichten gewonnen, die ich, wäre ich auf dem geraden und gewohnten Weg geblieben, niemals gefunden hätte. Es kann für mich angenehm sein, ja sogar aufregend, wenn ich mich mit meinem Weg vertue, mit meiner Theologie, mit meiner Spiritualität, meinem Gott oder meinem Selbst. Die Dunkelheit des Verlorenseins eröffnet mir immer wieder neue, schönere und bedeutungsvollere Bereiche der Wirklichkeit. In größerer Dunkelheit wird diese Wirklichkeit einfacher und angenehmer.

25

Fülle in Armut

IN DER TRADITION DES OSTENS GILT ARMUT NICHT gerade als eine große Tugend. Eigentlich gehört es sogar zu den Pflichten, genug Geld zu verdienen, um die Ziele des eigenen Lebens zu verfolgen. Für die Armen ist es sehr schwer, ihre persönlichen Gaben und Talente zu entdecken und nach den höheren Werten des Lebens Ausschau zu halten. Ihre ganze Energie ist darauf ausgerichtet, die Grundbedürfnisse befriedigen zu können. Gleichzeitig werden der Verzicht auf materielle Dinge und die Unabhängigkeit davon aber auch als hilfreich erachtet für das Erreichen der Fülle des Lebens auf seinen höheren Stufen.

Eine der Weisheiten meines Vaters lautete: »Wir hatten niemals das Allerbeste, doch es hat uns an nichts gemangelt. Gott hat uns mit allem versorgt.« Erst Jahre später realisierte ich, wie arm wir tatsächlich gewesen waren. Wenn ich also diese frühen Jahre Revue passieren lasse, erkenne ich zwar, dass wir arm waren, doch als Kind hatte ich nie das Gefühl, dass es uns an etwas fehlte. Mein Vater arbeitete viel, während meine Mutter sich zuhause um alles kümmerte. Wenn wir von der Schule heimkamen, war unsere Mutter immer da, um für uns zu sorgen. Sie konnte das einfachste Essen zu etwas Köstlichem zubereiten, und die Art, wie sie es präsentierte, wäre gut genug für das Königshaus gewesen. Die Liebe, mit der meine Mutter kochte, ließ uns gesund und stark werden. Mein Vater kümmerte sich darum, dass wir in der Schule gut zurechtkamen und dass das neueste kleine Spielzeug auf dem Markt seinen Weg in unser Haus fand, noch bevor die reicheren Kinder der Nachbarschaft es besaßen.

Wir konnten es uns nicht leisten, ins Kino zu gehen. Doch werde ich nie vergessen, wie der erste Kinofilm in unserer Muttersprache Konkani in Bombay gezeigt wurde. Mein Vater berichtete uns, er sei am Kino vorbeigegangen und habe herausgefunden, dass wir alle Lieder des Films hören könnten, wenn wir uns an die Bushaltestelle vor dem Kino setzten. Und so machten wir uns am darauffolgenden Tag auf zur Bushaltestelle, um den Liedern zuzuhören. Doch zu unserer Überraschung hatte unser Vater Eintrittskarten für den Film gekauft; ein größeres Vergnügen, als an jenem Tag diesen Film zu genießen, hätte es für uns nicht geben können! Mein Vater war der Überzeugung, dass Geld ein Mittel zum Zweck, aber nicht das Ziel war. Es war dazu gedacht, verteilt und ausgegeben zu werden, damit seine Lieben es gut hatten und glücklich waren. Es ist erstaunlich, wie unsere Eltern das Wenige, das sie besaßen, strecken konnten, sodass wir uns den reicheren Kindern, mit denen wir aufwuchsen, ebenbürtig fühlen durften. Ich denke, dass diese uns manchmal sogar beneideten.

Mein Vater arbeitete hart, und am Ende meines letzten Schuljahres an der Highschool überraschte er uns erneut:

Wir flogen mit der ganzen Familie zu unserem Heimatort in Goa. Flugreisen waren für die Menschen, unter denen ich lebte, etwas sehr Seltenes. Keiner meiner betuchteren Kameraden hatte jemals in einem Flugzeug gesessen. Aber mein Vater machte es für uns möglich. Er lehrte uns, das Meiste aus dem Wenigen zu machen, über das wir verfügten. Und er wartete nicht etwa auf besondere Gelegenheiten – er schuf diese außergewöhnlichen Momente. Mein Vater glaubte an den Gott der Überraschungen, und es bereitete ihm ungeheures Vergnügen, wenn es ihm gelang, uns zu überraschen und das scheinbar Unmögliche und Unerwartete Wirklichkeit werden zu lassen. In der Dunkelheit der Armut schuf mein Vater echte Fülle und förderte in uns ein enormes Vertrauen in die Göttliche Vorsehung und in das Leben als solches.

26

Wie man leben und wie man sterben sollte

IN UNSERER FAMILIE GAB ES EINEN GROSSEN ZUSAMMENhalt und dies war unser wirklicher Reichtum. Nachdem meine Mutter gestorben war, besuchte mein Vater jeden Tag ihr Grab, betete den Rosenkranz und saß dort, um mit ihr zu plaudern. Er fragte sich häufig, was mit ihm wohl geschehen werde, wenn er gestorben sei, und er fragte mich, ob er dann wieder mit meiner Mutter vereint wäre. Würde sie ihn erkennen? Wenn ich versuchte, ihm auf seine Fragen zu antworten, unterbrach er mich und meinte, ich solle mich gar nicht erst bemühen. Er war nicht an dem interessiert, was ich im Priesterseminar gelernt hatte. Er sagte, ich sei noch nicht auf der anderen Seite gewesen und so könnte ich es auch nicht wirklich wissen.

Nach dem Tod meiner Mutter saß mein Vater oft im Haus und sprach mit ihr, als wäre sie noch am Leben. Er fragte mich, ob das verrückt sei. Ich antwortete, dass Mutter noch immer lebte – natürlich nicht physisch, aber auf eine sehr wirkliche Art. Sein Sprechen mit ihr war eine wunderbare Möglichkeit, ihr nahe zu bleiben und ihre Beziehung zu vertiefen. Schließlich ist der Tod zwar das Ende des Lebens, doch nicht das Ende einer Beziehung.

Dann, einige Jahre später, erzählte mein Vater, er habe eine Vision von meiner Mutter gehabt. Sie sei nach Hause gekommen und an der Eingangstüre stehen geblieben. Sie habe hübsch ausgesehen und zu ihm gesagt, dass sie sehr glücklich sei und sie sich für ihn dasselbe wünsche. Sie lächelte und ging wieder. Mein Vater sah sie nicht wieder. Er fragte mich, was das zu bedeuten habe. Natürlich hatte ich unterdessen gelernt zu sagen: »Ich bin mir nicht sicher«, aber unabhängig davon suchte ich doch nach einer Antwort. Ich hatte von einem Volksstamm gelesen, der daran glaubte, dass geliebte Menschen noch einige Zeit zwischen Himmel und Erde verbleiben, bis die emotionalen Bindungen, die sie auf dieser Erde hatten, ausgelebt waren. Danach waren sie frei und schlossen sich dem Rest ihres Stammes im Himmel an, und von dort wurden sie zur Quelle von Gaben und Gnaden für den Teil des Stammes, der noch auf der Erde war. Mein Vater hörte aufmerksam zu, als ich davon erzählte. Meine Geschwister freuten sich offenkundig, dies zu hören, da wir tatsächlich besondere und überraschende Gaben erfahren hatten, von denen wir glaubten, sie seien durch unsere Mutter zu uns gekommen, die wir jetzt bei Gott wussten.

Mein Vater starb zwölf Jahre nach meiner Mutter. Er hatte beschlossen, im Alter von sechsundachtzig Jahren zu sterben, und das tat er auch. Ich habe Kindheitserinnerungen an die Eltern meines Vaters, die jeden Tag dafür beteten, sterben zu dürfen, ohne jemanden zur Last zu fallen. Und das war die Art, wie sie und meine Eltern starben. Mein Vater war permanent auf den Beinen und erledigte alle Hausarbeiten bis zu dem Morgen, an dem er starb. Noch tags zuvor hatte er mir eine letzte Frage gestellt. Sie bezog sich auf Jesus nach dessen Auferstehung, als er Maria Magdalena und den zwei Jüngern auf der Straße nach Emmaus erschienen war. Mein Vater sagte, dies sei derselbe Jesus gewesen, aber transformiert. »Wird etwas Ähnliches passieren, wenn ich sterbe?«, fragte er. »Ich denke ja«, sagte ich.

Am nächsten Morgen hatte er einen Krampf. Meine Geschwister holten den Arzt und es schien, dass mein Vater auf dem Weg der Besserung war. Aber er fragte dauernd, ob ich nach Hause käme. Ich leitete gerade Exerzitien außerhalb der Stadt und wollte am späten Abend oder am nächsten Morgen zurückkommen. Ungefähr um drei Uhr nachmittags verkündete unser Vater, dass er nicht glaube, wieder gesund zu werden. Dann bekreuzigte er sich, schaute meine Geschwister an und starb. Ich beeilte mich, nach Hause zu kommen, doch der Körper meines Vaters war bereits aufgebahrt – und ja, es lag jenes schelmische Lächeln auf seinem Gesicht, was so typisch für ihn war. Er hatte es nämlich schon wieder getan: Er hatte uns auf seine spielerische Art und Weise überrascht. Mein Vater lehrte mich, wie man leben und wie man sterben sollte.

27

Chaos und Spannung auf dem Weg zur Ganzheit

MEIN LEBEN ALS JESUIT BEGANN ICH MIT DEN BEGAbungen, die ich von meinen Eltern erhalten habe – nämlich mit der Fähigkeit meines Vaters, Fragen zu stellen, und der meiner Mutter, grenzenlose Möglichkeiten zu sehen. Der Seemannsgeist blieb ebenfalls in mir lebendig. Ich ließ mich auf mein Jesuitenleben als ein Abenteuer ein: Jedes Hindernis wurde zur Herausforderung, dem ich mich stellen musste und das es zu überwinden galt. Jeder Horizont eröffnete neue Ausblicke. Mein Geist stand in Flammen und war nicht zu löschen, und ich bahnte mir in jeder Hinsicht allmählich meinen Weg. Aus einem introvertierten, schüchternen Leichtathleten war ein öffentlicher Redner und Theaterschauspieler geworden; und bald schon war ich hingebungsvoller Religionslehrer, engagierter Sozialarbeiter und Student.

Während der ersten fünf Jahre meines Jesuitenlebens wohnte ich in Bombay. Wir lernten dort Latein und wurden in das westliche Denken und die westliche Kultur eingeführt. Ich betrachtete dies als Vorbereitung für eine universale Mission. Die darauffolgenden Jahre führten mich ins ländliche Indien. Dort absolvierte ich die ersten beiden Jahre meines Hochschulstudiums in der lokalen Sprache und ich lernte Sanskrit. Ich verbrachte diese Zeit damit, mich in die Juwelen meiner indischen Kultur und einer fünftausend Jahre alten spirituellen Tradition zu versenken. Ich saß an den Ufern der heiligen Flüsse, lauschte den Vorträgen über das umfassende Verständnis der alten Seher und Gurus, die zu meinem Erbe gehörten und integraler Bestandteil meiner Psyche waren. Ich begann ein echtes Gespür für Spirituelles und Mystisches zu entwickeln.

Während meines Studiums der Philosophie und der Theologie lebte ich in den Slums. Ich wollte sichergehen, dass meine Studien in den wirklichen Lebenserfahrungen der Menschen außerhalb der Jesuitengemeinschaft und jenseits der akademischen Welt verankert blieben. Dieses Leben der einfachen Leute zu führen, war herausfordernd, aber es gefährdete nicht meine Studien.

Wir lebten im Spannungsverhältnis zwischen der westlichen und der östlichen Welt. Einige meiner Kameraden trafen die Entscheidung, ganz und gar Inder zu werden. Sie änderten ihre westlichen christlichen Namen in indische, nahmen die indische Lebensart an und identifizierten sich mit den Menschen des ländlichen Indiens. In der Dunkelheit dieses Konflikts begriff ich, dass die westlichen und östlichen Kulturen nicht gegensätzlich sind, sondern sich vielmehr ergänzen. Für mich stimmte die Geschichte vom Elefanten und den sechs blinden Männern: Jeder Mann ertastete einen anderen Teil des Tieres – so hatte jeder ein ganz genaues Bild von dem Elefanten, das aber doch nur einen Ausschnitt darstellte. Diese Metapher in Erinnerung behaltend, arbeitete ich daran, ein ganzheitlicher Mensch zu werden, der verschiedene Beschreibungen und Erfahrungen Gottes in einem gesunden Spannungsverhältnis zu halten vermag.

Dank dieser reichen Bildung verfüge ich nun über eine westlich-katholische Ausbildung, doch habe ich auch einen östlichen Weg kennengelernt, katholische Glaubensinhalte zum Ausdruck bringen kann. Mein Leben ist jetzt in Jesus verwurzelt, der in eine ganz bestimmte Kultur inkarniert wurde. Vor vielen Jahren erkannte ich, dass ich meine spirituelle Grundlage sowohl auf der östlichen Tradition als auch auf dem spirituellen Erbe des Ignatius von Loyola, dem jesuitischen Leben und der jesuitischen Mission, errichten muss. In der offensichtlichen Dunkelheit dieser kulturellen und mentalen Auseinandersetzungen fand ich einen Weg, ein ganzheitliches Leben zu führen.

28
Von Xaver zu Ignatius

Indem ich Verstand und Herz nach dem Beispiel von Ignatius kultivierte, begann ich auch, verschiedene Wege zu erforschen, um meine Erfahrung mit und meine Beziehung zu Gott tu vertiefen.

IN BOMBAY BESUCHTE ICH DIE SAINT XAVIER HIGH School, die nach dem heiligen Franz Xaver benannt ist. Während der gesamten Schulzeit studierten wir das Leben dieses Heiligen und seine glorreiche Taten für den christlichen Glauben. Junge Jesuiten wurden zu Vorträgen eingeladen, um uns seine Bedeutung zu erläutern. Franz Xaver war den Studenten dieser Schule Vorbild und Inspiration.

An einer der Wände des Schulgebäudes hing ein Gemälde dieses Heiligen: sein Gesicht nach vorn geschoben, das Haar vom Wind nach hinten geweht und das Kreuz in seiner Hand. Ich malte mir aus, wie ich den Heiligen nachahmte, den ich mit dem Kreuz in der einen, einer Glocke und einem Wanderstab in der anderen Hand durch alle Weltgegenden jagen und jeden taufen sah, der ihm über den Weg lief. Ich identifizierte mich mit Xaver dem Athleten, und wie er wollte ich um den Globus flitzen und Seelen für das Königreich Gottes gewinnen. Kein Hindernis würde mich stoppen, nichts und niemand mir Einhalt gebieten können.

Nachdem ich den Jesuiten beigetreten war, fühlte ich mich sehr bald vom heiligen Ignatius von Loyola angezogen, der als Anführer einer kleinen Gruppe die Grundlage der Gesellschaft Jesu (der Ordensgemeinschaft der Jesuiten) gelegt hatte. Ich spürte, wie mich seine tiefe Spiritualität und Mystik inspirierte. Ich wollte das Herz und den Geist von Ignatius zur Kraft machen, die mich für den Rest meines Lebens antreiben sollte. In gewisser Weise fühlte ich mich, je näher ich Ignatius kennenlernte, desto weniger von Xaver angezogen, dem Heiligen, der so sehr in Eile schien. Xaver repräsentierte für mich den jungen Ignatius am Beginn von dessen Wandlung, als er noch sämtliche Heiligen in ihrem Dienst für Gott hatte übertrumpfen wollen. In jener Zeit seiner spirituellen Entwicklung fühlte sich Ignatius fanatisch dazu getrieben, Gutes und mit Eifer Buße zu tun; er war derart von seiner Sündhaftigkeit besessen, dass er sogar selbstmordgefährdet war. Mir schien, dass auch Xavers riesiger Eifer zu einem Burn-out hätte führen können.

Nachdem spirituelle Freunde Ignatius dabei geholfen hatten, über die Selbstmordversuchungen hinwegzukommen, öffnete er sich für einen größeren, gnädigeren Gott, Der auf den unterschiedlichsten Wegen zu ihm kam. Ignatius empfing mystische Erfahrungen, die von nun an seinen Glauben formen sollten.

Der Übergang von Franz Xaver zu Ignatius stand für mich auch dafür, dass ein Traum starb, auf den ich seit meiner Kindheit gesetzt hatte – der Traum von großem Heldentum und zahlreichen guten Werken für das Reich Gottes. In der Dunkelheit dieses Übergangs fing ich an, eine wirkungsvollere und fruchtbarere Lebensweise zu finden. Indem ich Verstand und Herz nach dem Beispiel von Ignatius kultivierte – diese Kultivierung ist der Schwerpunkt der frühen Stadien der Jesuitenausbildung –, begann ich auch, verschiedene Wege zu erforschen, um meine Erfahrung mit und meine Beziehung zu Gott tu vertiefen. Während Xaver mehr darum bemüht gewesen war, das Königreich Gottes zu errichten, hatte das Augenmerk von Ignatius stärker auf der Herrschaft Gottes gelegen. Xaver taufte fieberhaft Menschen, Ignatius ging es um die Vertiefung unserer Beziehung zu Gott.

Beispielsweise begann ich nach den ersten beiden Jahren meines jesuitischen Noviziats damit, abends in einem Hindu-Tempel zu beten. Die östlich Lebensweise, der ich mich im Teenager-Alter zugewandt hatte, fand nun folgerichtige Mittel des Ausdrucks. Ermuntert durch meine jesuitischen Superioren führte ich die östliche Art des Betens in unserer Gemeinschaft ein. Motiviert und ermutigt durch das Zweite Vatikanische Konzil, das Enkulturation und Indisierung unterstütze, schwang sich mein spirituelles Leben empor. Ich spürte, dass ich auf dem Weg war, ein östlicher Mystiker zu werden.

Teil drei

Dunkelheit auf unserer Lebensreise

Das Leben ist ein Geheimnis.
Und ein Geheimnis beinhaltet Dunkelheit –
die Dunkelheit des Nichtwissens, der Suche und
des Konfrontiertseins mit persönlichen Schatten
und Herausforderungen.
Wir kommen nicht um die Reise herum;
nur, wenn wir diese lebenslange Pilgerreise
der Entdeckungen und des inneren Wachstums
auf uns nehmen, können wir zu den Menschen werden,
als die Gott uns geschaffen hat.
In diesem abschließenden Kapitel des Buches
erkunden wir verschiedene Arten, wie wir diesen Prozess
und das, was uns geschieht,
beschreiben können.

29

Ehrfurcht: Schlüssel zu den Kostbarkeiten der Dunkelheit

Egal welcher Religion wir folgen, wir müssen lernen, uns zu verbeugen – mit unserem Körper, unserem Verstand und unserem Geist.

EINER DER SCHLÜSSELBEGRIFFE, DIE SPIRITUALITÄT versinnbildlichen, lautet »Ehrfurcht«. Dieses Wort mag eine kalte und weit entfernte Beziehung zu Gott und den Menschen suggerieren, doch Ehrfurcht ist ein Ausdruck herzlicher Zuneigung und Gefühlswallung, die einen Menschen auf tiefstmöglicher Ebene ins Einssein und in die Gemeinschaft mit dem Göttlichen einerseits und mit den Menschen andererseits führt. Anders als Respekt, den es mit und ohne Liebe geben kann, zieht uns Ehrfurcht in eine liebende Beziehung hinein und hat das Potenzial zur Stärkung des Bandes zwischen dem einen Menschen und dem anderen, der vor jenem Ehrfurcht hat.

Wahre Ehrfurcht erkennt das Heilige in der gesamten Schöpfung. Die Ehrfurcht des Einzelnen in seiner Beziehung zu Gott fließt über in seine Beziehungen zu anderen Menschen, zu seiner Arbeit und zur Schöpfung als Ganzes. Wenn wir unser Leben in ehrfürchtigem Geist führen, nähern wir uns jedem Geschöpf und jedem Menschen in Liebe und Achtsamkeit, weil wir wissen, dass sie von Gott stammen und wieder zu Ihm zurückkehren werden. Ehrfurcht weiß darum, dass Gott in jedem Teil der Schöpfung wohnt; deshalb ist jedes Geschöpf ein Tempel.

Wie der Poet und Jesuit Gerard Manley Hopkins sagt: »Die Welt ist voll der Herrlichkeit Gottes.« Wenn es also eine einzige notwendige Haltung für andauerndes spirituelles Wohlergehen und Wachstum gibt, ist es Ehrfurcht – Ehrfurcht, die nach dem Einssein mit allem Lebendigen trachtet und Ganzheit und Harmonie fördert. Eine ehrfürchtige Haltung wird uns in ein uns nährendes und vertrautes Einssein mit dem Göttlichen ziehen. Im Gegenzug beeinflusst diese Vertrautheit, wie wir uns selbst erleben und wie wir mit allem Leben vernetzt sind. Ganz besonders wenn wir die manchmal dunklen und schattigen Abschnitte der spirituellen Reise durchqueren, kann Ehrfurcht dabei helfen, Frieden und Ganzheit zu erleben.

Oftmals schließt Ehrfurcht den Akt des Verbeugens mit ein. Es besteht eine grundlegende Verbindung zwischen der Verbeugung und unserer Fähigkeit, Gott zu erfahren. Das Verbeugen ist eine der wirkungsvollsten Vorbereitungen für jemanden, der für das Geheimnis Gottes offen sein und durch dieses Geheimnis verwandelt werden möchte. Die Verbeugung ist die äußerliche Geste eines inneren Antriebs, sich selbst leer machen zu wollen, um in der Dunkelheit und in der Stille einen Wohnort für das Göttliche zu schaffen. Als Moses sich am brennenden Busch vor Gott verneigte, verstand er, was es heißt zu brennen, ohne vom Feuer verzehrt zu werden. Während er durch die Dunkelheit – durch die Prüfungen und Leiden seines eigenen irdischen Lebens – wanderte, wurde er immer stärker in das Göttliche Leben hineingezogen. Wenn wir uns vor Gott verbeugen, werden auch wir langsam aber sicher das Göttliche Leben führen.

Das Verbeugen hat drei wichtige Aspekte: den physischen, den mentalen und den spirituellen. In der Verbeugung neige ich Teile meines Körpers in jeder dieser drei Hinsichten. Es erfordert eine gewisse Geschmeidigkeit und Flexibilität, damit der Körper nicht knackt oder bricht. Einen Knicks zu machen, sich hinzuknien oder sich niederzuwerfen sind allesamt Formen des Verbeugens. Die physische Geste, den Kopf zu neigen oder sich selbst kleiner zu machen, bringt unseren Verstand dazu, alles hinzugeben, über das er verfügt – nämlich sämtliche Sinnesorgane und das Gehirn. Er ist bereit, all das aufzugeben, was er intellektuell gelernt hat. Vom mentalen Standpunkt aus betrachtet nimmt ein Mensch, der sich verbeugt, wieder eine Anfängerhaltung ein, lässt jegliches Gefühl, ein Experte zu sein, hinter sich und öffnet sich damit vielen neuen Möglichkeiten.

Der spirituelle Aspekt liegt darin, dass eine sich verbeugende Person mit dem Kopf auch ihr Gesicht neigt – also das egoistische Selbst preisgibt. Sie entleert sich von Selbstbezogenheit und Stolz. Wir erinnern uns, wie Gott die Israeliten als »halsstarriges Volk« beschreibt; sicherlich kann sich ein Halsstarriger nicht verbeugen. Gott versuchte (durch Moses), die Menschen auf ihrer gemeinschaftlichen Lebensreise anzuführen, aber die Menschen wollten sich nicht beugen – nicht wirklich. Das Verbeugen ist ein Akt der Bescheidenheit, der Reue und der Ehrfurcht. Es reinigt den Verstand und öffnet das Herz für Einsichten und mystische Erfahrungen. Wenn wir uns verbeugen, als Individuen oder in der Gemeinschaft, begreifen wir nach und nach unsere spirituelle und Göttliche Identität.

Buddhisten vollziehen eine dreifache Verbeugung. Einmal vor dem Bildnis Buddhas: Damit verneigen sie sich nicht vor einem Götzenbild, sondern davor, wer dieser Mensch war. Es ist eine Anerkennung seiner vielen spirituellen und mystischen Erfahrungen. Sich vor diesem Symbol zu verbeugen, ist ein Ausdruck des Wunsches, die Erfahrungen Buddhas zu seinen eigenen zu machen und sein Leben hier auf der Erde so zu führen, wie er es getan hat. Die Buddhisten verbeugen sich auch vor dem Dharma, der buddhistischen Lehre, um auszudrücken, dass dieser Weg jetzt ihr eigener ist. Und sie verneigen sich vor dem Sangha, den Traditionen und Lehren der ersten Nachfolger Buddhas. Christen können eine ähnliche Haltung in der Art sehen, wie sie Jesus als Person, seiner Lehre und seinem Lebensweg sowie dem Beispiel und den Lehren seiner ersten Schüler Ehrerbietung erweisen.

Egal welcher Religion wir folgen, wir müssen lernen, uns zu verbeugen – mit unserem Körper, unserem Verstand und unserem Geist. Ehrfurcht räumt das Ego beiseite und öffnet uns für die Begegnung mit dem Göttlichen.

30

Die Reise des Helden und die Lebensstadien im Hinduismus

DER PSYCHOLOGE CARL GUSTAV JUNG GAB UNS DIE »Heldenreise«: ein Werkzeug zum Verständnis der persönlichen Entwicklung. Sie vollzieht die innere Reise durch grundlegende Archetypen (Vorbilder oder Muster) nach, die uns helfen zu verstehen, wer wir sind und wie wir leben. Diese Archetypen sind unsere Verbündeten. Sie unterstützen uns in unserer individuellen und kollektiven Entwicklung sowie beim Ausschöpfen unseres ganzen Potenzials. Die Heldenreise hilft uns, zu wachsen und uns in die Personen zu verändern, als die Gott uns gedacht hat. Aber jedes Stadium dieser Reise wirft uns tiefer und tiefer in die innere Dunkelheit, wo wir uns, ganz auf uns allein gestellt, unseren Weg durch neues und unerforschtes Terrain bahnen müssen. Wenn wir uns gegen diesen Prozess auflehnen, kommen wir auf unserer Reise nicht voran und unser Leben bleibt beschränkt.

Ein Individuum (das heißt der »Held«) beginnt die Heldenreise als das *Unschuldige*. Ein Kind, das in diese Welt hineingeboren wird, lebt noch in der Atmosphäre des Paradieses, einem Stadium der Gnade vor dem Sündenfall (Genesis 3). Es beansprucht die Herrschaft über die gesamte Schöpfung

(Genesis 1) und erwartet, dass all seine Bedürfnisse befriedigt werden. Von jeder Person seiner Umgebung verlangt ein Kind die uneingeschränkte Aufmerksamkeit; das Ziel besteht darin, in einem sicheren Umfeld zu bleiben und gleichzeitig zu verleugnen, dass es irgendein Problem geben könnte. Die größte Angst des Unschuldigen ist es, dass es alleingelassen wird; und so bleibt es seinen Betreuungspersonen außerordentlich verbunden. Das Unschuldige kann kategorisiert werden als ein vertrauenswürdiger und optimistischer Mensch.

Doch bald beginnt das Unschuldige, die Auswirkungen des Sündenfalls zu begreifen. Das Kind fängt an, sich entfremdet und bestraft zu fühlen, und besonders die Menschen, die es geliebt und umsorgt haben – jene, durch die sich das Kind als Zentrum des Universums wahrgenommen hat –, scheinen ihm jetzt Leid zuzufügen. In diesem Stadium muss die Herrschaft über die gesamte Schöpfung der Unterwerfung anderen gegenüber weichen. Der Mensch betritt nun die Dunkelheit des Stadiums des *Waisenkindes,* in dem er danach strebt, die Sicherheit des Paradieses zurückzugewinnen; vielleicht wartet das Waisenkind aber auch nur darauf, gerettet zu werden. Es erlebt die Wirklichkeit von Schmerz und Leid und befürchtet, von den Mächtigeren ausgenutzt und schikaniert zu werden. Es wird nach einem religiösen Führer Ausschau halten, der voll und ganz verlässlich ist, und nach einem allmächtigen Gott, Der das Waisenkind aus jeder beklemmenden Situation errettet. Es lernt schnell, zwischen den Erfahrungen zu unterscheiden, die Leben spenden, und denjenigen, die das nicht tun. Und das Waisenkind gibt es auf, im Mittelpunkt stehen zu wollen, um Verbindungen mit anderen Menschen einzugehen.

Wenn das Waisenkind sich Gott sicherer zu fühlen beginnt, macht es sich auf, eine Identität zu suchen, indem es entweder die Rolle des *Kriegers* oder die des *Märtyrers* annimmt. Der Krieger zieht los, die Drachen zu töten und diejenigen zu retten, die in Not sind. (Bei den Drachen und den in Not Geratenen handelt es sich häufig nicht um andere Menschen oder äußere Kräfte, sondern um unterschiedliche Aspekte des Waisenkindes). Der Krieger findet Stärke in seinem Inneren und bricht auf, die Welt für Gott oder für eine Idealvorstellung zu verändern. Im Gegensatz zu ihm lernt der Märtyrer, sich selbst für andere aufzuopfern und damit Gott und der Welt zu gefallen. Die Archetypen des Kriegers und des Märtyrers wechseln sich in dieser Entwicklungsphase auch ab.

Diese ersten drei Stadien, Unschuldiges–Waisenkind–Krieger/Märtyrer, helfen uns dabei, uns auf die Heldenreise vorzubereiten. Das nächste Stadium ist das des *Wanderers,* der sich von anderen befreit hat und sich aufmacht, nach dem tieferen Sinn des Lebens und dem ursprünglichen Angesicht Gottes zu suchen.

Die Reise endet mit der Rückkehr des Helden als *Zauberer,* der sein Selbst am Kosmos ausrichtet und sich mit der Energie des Universums bewegt. Der Zauberer feiert das Erleben Gottes in jedem und allem. Das Universum wird zu seinem Zuhause, einem freundlichen und willkommen heißenden Ort. Am Ende gewinnt der Zauberer das Unschuldige als ein selbstverwirklichtes und erleuchtetes Sein zurück.

In der hinduistischen Tradition ist es das ultimative Lebensziel, unsere Identität im Göttlichen und unsere Verbundenheit mit allem Leben zu erfahren. Der Prozess, in dem dieses Ziel erreicht wird, verläuft nicht linear, sondern zyklisch und geschieht während der vier Lebensstadien des *Schülers, Haushälters, Waldbewohners* und *Weisen.* Diese vier Stadien ähneln der Heldenreise gemäß der Jungschen Psychologie.

Das erste Stadium des Lebens, der *Schüler,* gleicht den Jungschen Stadien des Unschuldigen und des Waisenkindes. Hier wird das Kind von seinem Zuhause entwöhnt, in dem es die Aufmerksamkeit aller auf sich gezogen hatte; wie das Waisenkind wird es ein anonymer Teil einer Gruppe. Es ist von einem Lehrer abhängig und muss seine Identität, durch das Erledigen von Aufgaben eines Schülers auf der Suche nach Wissen, immer aus Neue finden. Dieses Wissen hilft dem Schüler auch, die Bedeutung des Lebens herauszufinden, und bereitet ihn darauf vor, einen Wohlstand anzustreben, durch den eine wachsende Freiheit und ein erfülltes Leben erreicht werden können.

Das zweite Stadium ist das des *Haushälters.* Das Jungsche Pendant dazu ist der Krieger/Märtyrer. Der Mensch geht hinaus, um eine Berufung oder eine Karriere zu verfolgen, und kehrt dann zurück, um das Selbst zu opfern, damit andere ihre Ziele erreichen können. Der Mensch, der dieses Lebensstadium als ein Märtyrer beginnt, wird dann zum Krieger. Sowohl der Krieger als auch der Märtyrer haben Pflichten der Liebe und der Sorge um diejenigen, die ihnen nahestehen und ihnen lieb sind, und müssen für Wohlstand und Zuneigung sorgen, damit alle ihre Ziele erreichen können.

Das dritte Stadium in der Hindu-Tradition ist das des *Waldbewohners.* Heutzutage verlassen Menschen nicht mehr ihre Häuser, um in den Wald zu gehen und nach dem tieferen Sinn des Lebens zu suchen. Doch wenn sich die Menschen nach ihrem Berufsleben zur Ruhe setzen, ziehen sie sich auch von anderen weltlichen Verantwortlichkeiten und Tätigkeiten zurück. Sie lösen sich systematisch vom Wohlstand, einschließlich zwischenmenschlicher Beziehungen. Sie verbringen mehr und mehr Zeit mit der Selbstbeobachtung und erforschen die tieferen Fragen des Lebens. In diesem Stadium machen sogar die religiösen Sicherheiten Platz für die spirituelle Suche – dafür, unsere Beziehung zum Göttlichen über alles zu stellen. In der Heldenreise ist dies das Stadium des Wanderers.

Das Stadium des Waldbewohners oder des Wanderers bereitet uns vor und formt uns für den letzten Abschnitt unseres irdischen Lebens: dem des *Weisen* oder des *Zauberers.*

Wir beginnen als Unschuldiges–Waisenkind–Krieger/Märtyrer oder als Schüler oder Haushälter. Wir wagen es, als Wanderer oder Waldbewohner weiterzugehen. Und schließlich sind wir frei, das Göttliche zu genießen und wahrhaft wir selbst zu sein; dann sind wir der Weise oder der Zauberer.

31

Die Reise des Weiblichen

Der jesuitische Theologe Karl Rahner sagte nachdrücklich: Der Christ von morgen wird ein Mystiker sein – oder er wird gar nicht sein.

DIE WEIBLICHE ENERGIE DER MENSCHHEIT EMPFÄNGT Leben, fühlt sich zuhause und gedeiht in den Tiefen der Dunkelheit. Dort umarmt sie das Licht und teilt dessen lebensspendende Energie mit dem Rest der Schöpfung. Die weibliche Energie ist die Tür zu unserem wahren Wesen.

In der chinesischen Kultur präsentieren Yin und Yang zwei gegensätzliche und sich ergänzende, oder verbindende, Prinzipien der Natur. Yin charakterisiert das weibliche Wesen der Dinge und ist dunkel, kalt, empfangend und abwärtsgerichtet.

In seiner Theorie des kollektiven Unbewussten nennt Carl Gustav Jung die weibliche Energie *anima,* was das lateinische Wort für »Seele« ist. Gemäß dem Mystiker Meister Eckhart ist der Seelengrund dunkel. Und in der Tat ist die Essenz des Lebens dunkel. Damit ist die Seele eines Menschen – egal ob Mann oder Frau – die weibliche Energie, und man begegnet ihr am häufigsten in irgendeiner Form von Dunkelheit.

Der jesuitische Theologe Karl Rahner sagte nachdrücklich: Der Christ von morgen wird ein Mystiker sein – oder er wird gar nicht sein. Ich glaube, dass sich Rahners Aussage über die

Christen heute auf Menschen in aller Welt anwenden lässt. Unter den verschiedenen Kulturen und Völkern besteht ein noch nie dagewesener Durst nach dem Spirituellen und dem Mystischen. Die Mystik gehört zu dem, was Jung die »feminine Energie« nannte; diese Energie ist intuitiv, das heißt, sie geht über den Verstand und die fünf Sinne hinaus. In ihrem interessanten Aufsatz »Strukturformen der weiblichen Psyche« (1951, 1956) beschreibt Toni Wolff, Jungs engste Mitarbeiterin, die Reise des Weiblichen als unterteilbar in Abschnitte, die durch die Vorherrschaft einer der folgenden vier Archetypen gekennzeichnet sind: die Mutter, die Amazone (oder Kriegerin), die Liebende und die Zauberin (oder Mystikerin). Gemäß Wolff können diese vier grundlegenden Typen in jeder Frau gefunden werden. Während ihrer Entwicklung integriert die Frau jeweils eine dieser Strukturformen und bewegt sich dann zur nächsten, bis sie das magische oder mystische Stadium erreicht. Ich glaube, dass das, was Wolff in einer Frau sieht, auf jeden Menschen zutrifft, der sein vollstes Potential entfaltet. Jedes Individuum verfügt über weibliche Energie und wird die grundlegende weibliche Archetypenstruktur durchlaufen, um ein zur Gänze entwickelter Mensch zu werden.

Das erste Stadium der weiblichen Evolution ist die *Mutter.* Das Leben eines Menschen beginnt mit einer nährenden Beziehung zu seiner Mutter. Diese ist die Grundlage jeder zukünftigen Beziehung mit anderen Menschen, mit dem Göttlichen und mit dem Leben als solchem. Mütter sind auf eine sehr reale Art und Weise die Ecksteine für das zukünftige Leben ihrer Kinder. Während der dunklen Zeiten des Heranwachsens ist es die Mutterliebe, und ganz besonders die Hoffnung und das Vertrauen der Mutter, die dem Kind hilft, in ein gesundes und glückliches Erwachsensein und Alter hineinzuwachsen.

Die Mutter ist nicht der alleinige weibliche Einfluss im Leben des Kindes. Großmütter, Tanten, Patentanten, Nachbarinnen und Freundinnen sind häufig bereit und auch in der Lage, im Kind das Fundament der Liebe und des Mitgefühls für sich selbst und den Rest der Welt zu legen. Die Kehrseite der Medaille ist, dass sie die Macht haben, das Selbstwertgefühl eines Kindes zu fördern oder zu brechen. Es ist interessant zu beobachten, dass der mütterliche Einfluss nicht mit der Kindheit endet, sondern sich durch das ganze Leben eines Menschen zieht. Lange noch, nachdem Mütter gestorben sind, werden ihre Kinder von ihren Stimmen beeinflusst.

Nachdem diese fundamentale Mutterbeziehung hergestellt ist, bewegen wir uns zum zweiten Stadium der Reise des Weiblichen. Dieses Stadium ist durch die *Amazone* gekennzeichnet, die das Kraftzentrum der Energie darstellt. Auf der Suche nach dem Sinn des Lebens sind Loyalität und Ehre zwei herausragende Eigenschaften der Kriegerin. Solange sie auf dem Schlachtfeld der Auseinandersetzung, der Spiritualität oder der Moral kämpft, sind ihr persönlicher Komfort und Sicherheitsbedenken egal und der Tod ist ein Spielball. Die Amazone zögert nicht, das zu zerstören, was negativ oder schädlich für die Welt ist, und findet immer kreative Wege, mit Hindernissen umzugehen. Sie ist eine Macherin und völlig losgelöst vom Leben, da sie über eine unbegrenzte Fähigkeit verfügt, beim Verfolgen des Ziels psychischen und physischen Schmerz auszuhalten.

In diesem Stadium bewegen wir uns über uns hinaus, um der Welt sehr aktiv beizustehen und diejenigen zu retten, die leiden. Indem wir die Hand ausstrecken, um gegen ungerechte Strukturen zu kämpfen und uns um diejenigen zu sorgen, die in Not sind, wollen wir in dieser Phase der Liebesbeziehung Ausdruck verleihen. »Was ihr für einen meiner geringsten Brüder und Schwestern getan habt, das habt ihr mir getan«, wird nun zu unserem Motto.

Die Kriegerinnen, die begierig darauf sind, in die Welt hinauszugehen, müssen sich zunächst einmal nach innen wenden. Der innere Kampf zieht sie hinab in die Tiefen ihrer eigenen Dunkelheit. Dies ist die Zeit, in der sie die Mutterbeziehung bewahren und behüten. Nicht die Angst vor Bestrafung treibt die Amazonen an, sondern die Dankbarkeit für alles, was ihnen widerfahren ist. Im Stadium der Kriegerin ist es keine Sünde, was sie tun, sondern eher ein Riss in der Beziehung mit dem Göttlichen. Wenn sich die Beziehung zwischen der Mutter und der Kriegerin wieder im Einklang befindet, strömen die Auswirkungen über in die Art und Weise, wie das Leben gelebt wird.

Nachdem die Kriegerin die Mutterbeziehung verbessert und vertieft hat, tritt sie nun ins Stadium der Reise ein, das als die *Liebende* charakterisiert ist. Dies ähnelt der Rückkehr des verlorenen Sohnes, des Menschen, der den Mut hat, mit demjenigen zu feiern, den er beleidigt hat. Die Liebende wird Stärken und Schwächen in sich selbst und bei anderen akzeptieren. Sie ist nun zuhause und angekommen in all ihren Beziehungen.

Die Liebende hat alle fünf Sinne hoch entwickelt und nimmt das Leben so vollumfänglich wie möglich in sich auf. Sie ist eine Verehrerin aller schönen Dinge, innerlich wie äußerlich. Und schließlich möchte eine Liebende mit jedem Menschen und dem ganzen Leben in Verbindung stehen. Sie akzeptiert keine Einengungen und geht über jede heilige Grenze hinaus, um neue Horizonte zu finden.

So wird die Liebende auf ganz natürliche Art und Weise zur *Zauberin* oder *Mystikerin,* die die Fülle des Lebens in innerem Frieden und innerer Freiheit lebt. Sie fühlt sich als Tropfen im Ozean und als Ozean in diesem Tropfen. Zauberinnen sind fein auf die Lebensenergie eingestellt und verfügen über die Fähigkeit, diese Energie in Menschen, die sich in ihrem Einflussgebiet befinden, aufleben zu lassen. Die Zauberin ist eine Heilige und weiß um Geheimnisse. Sie vermag, sich aus chaotischen weltlichen Situationen zu lösen und in den essenziellen Wahrheiten und Schätzen der Erde verankert zu bleiben, die tief in ihrem Inneren liegen. Tatsächlich ist es die Zauberin, die allen anderen Archetypen Kraft und Menschlichkeit verleiht und sie mit dem eigentlichen Sinn des Lebens in Verbindung hält.

32

Das weibliche Antlitz Gottes

Häufig waren unsere Vorstellungen und Bilder des Göttlichen männlich, weiblich oder eine Kombination von beidem.

GOTT HAT DEN MENSCHEN NACH SEINEM EBENBILD und Gleichnis geschaffen. Im Gegenzug haben die Menschen im Laufe der Geschichte Gott so geschaffen, dass Er ihre persönlichen und sozialen Bedürfnisse befriedigt. Viel von dem, was wir hervorgebracht haben, ist vermenschlicht; anderes verstehen wir als kosmische Kräfte oder philosophische Prinzipien. Davon abgesehen waren unsere Vorstellungen und Bilder des Göttlichen häufig männlich, weiblich oder eine Kombination von beidem.

Die frühesten religiösen Auffassungen der Welt waren vom dunklen weiblichen heiligen Prinzip geprägt. Archäologen haben herausgefunden, dass es bereits vor mehr als 30000 Jahren von Indien bis ins westliche Europa weibliche Darstellungen des Heiligen gab. Aus den frühesten schriftlichen Aufzeichnungen und materiellen Fundstücken können wir ablesen, dass es weibliche Attribute waren, die in den religiösen Auffassungen aller ursprünglichen Zentren der westlichen Zivilisation dem Heiligen zugeschrieben wurden: sei es in Mesopotamien, in Ägypten oder auf Kreta.

Das Geheimnis und das Wunder des gebärenden Weiblichen ließ das Reich der Göttin über allem thronen. Diese Göttin stand im Zusammenhang mit dem lebendigen Prinzip von Fruchtbarkeit, Wachstum und Leben in dieser Welt wie auch nach dem Tod. Als die männliche Rolle in der Fruchtbarkeit deutlicher wurde, entstand der Kult um einen jungen männlichen Gott, den Sohn und Liebhaber der Göttin. Später wurde diese Vorstellung von einem Bild eines sich eher ebenbürtigen Paares verdrängt. Erst lange Zeit danach stoßen wir auf ein Pantheon, in dem männliche Götter dominieren, oder eine Religion, die sich einer einzigen männlichen Gottheit widmet. Obschon der historische Verlauf nicht ganz so geradlinig war, zeigt die Geschichte doch eine grundsätzliche Entwicklung weg von den weiblichen Symbolen des Heiligen hin zu männlichen Vorstellungen.

Die historischen und sozialen Prozesse, die in vornehmlich männlich-zentrierten Bildern und Konzepten des Heiligen mündeten, verstehen wir nicht zur Gänze. Eine Erklärungsmöglichkeit besteht darin, dass die männliche Dominanz in den sozialen und religiösen Auffassungen durch das Aufkommen der Agrargesellschaft und eine intensivere Urbanisierung gefördert wurde. Auch steht der zunehmende Kult eines männlichen heiligen Prinzips in Verbindung mit dem Triumph eindringender halbnomadischer, weniger zivilisierter, kriegerischer und höchst patriarchalischer Völker, die eine männliche Gottheit als Herrscher des Pantheon oder als die einzige Gottheit anbeteten.

In Religionen, die eine weibliche Gottheit kennen, erschafft die Göttin, indem sie ihr Leben in die Schöpfung hineinfließen lässt. Die Menschen sind eingeladen, in Vertrautheit und Freude am Leben teilzuhaben. Die grundlegenden Prozesse des Lebens, insbesondere Geburt und Sexualität, werden bejaht. Die weibliche Metaphorik ist eingebettet in ein weites Spektrum kultureller Aktivitäten und sozial anerkannter Ziele. Wir wissen nicht, ob die Anbetung einer

Göttin Ausdruck einer weiblich dominierten Gesellschaft war. Ebenso wenig wissen wir, ob weibliche Gottheiten den Frauen erlaubten, unabhängiger, respektierter und mächtiger zu leben, als es in Gesellschaften mit männlichen Gottheiten der Fall war.

Was wir jedoch wissen, ist, dass heutzutage die meisten Religionen männlich dominiert sind und den Frauen einen Platz unter dem Mann zuweisen; in manchen Fällen werden Frauen durch diese patriarchalischen Systeme eindeutig unterdrückt. Aus diesem Grund haben so viele Menschen – Lehrer, spirituelle Führer, Gelehrte – versucht, die weiblichen Gesichter Gottes wiederzuentdecken. Manche Religionen und Kulturen verstehen es besser als andere, das Männliche und das Weibliche zusammenzubringen.

In der indischen Mythologie wird die *ardhanarishwar,* was wörtlich »Halbfrau« oder auch »weibliche Energie« bedeutet, als die Seele des Universums betrachtet. Diese Göttin wird häufig als die oberste Schöpferin dargestellt, die ihren Körper in halb-männlich, halb-weiblich teilte und dadurch ihre eigenen weiblichen Eigenschaften mit ihren männlichen ins Gleichgewicht brachte. Die männlichen Formen von Göttern brauchten die weibliche *shakti,* oder Macht, um mehr Wirkung entfalten zu können. Gleiches gilt für das gesamte Universum – die äußerliche männliche Form wird durch die innerliche weibliche Energie in Bewegung gesetzt und am Leben gehalten. Diese Mythologie spiegelt sich im westlichen Sprichwort, dass hinter jedem großen Mann eine große Frau steht. Diese Frau wurde oft im dunklen Hintergrund des Mannes gehalten. Wenn sie ihre Macht durch die kleinen Risse im Mann manifestieren kann, erscheint dieser dem Rest der Welt als brillant. Diese weibliche Kraft und Inspiration wird häufig erst erkannt, nachdem die Frau schon lange gestorben ist.

In der *Samkhya*-Schule der hinduistischen Philosophie sind *prakriti* und *purusha* die weibliche und männliche

Verkörperung des Universums, und sie beide manifestieren die Macht und die Gegenwart des Göttlichen. Eine Art, diese Realität zu verstehen, besteht darin, *prakriti* als die weibliche kreative Energie zu betrachten, die die männliche Macht von *purusha* erst zur Wirkung bringt. *Purusha* zeugt die Elemente, während *prakriti* deren Lebenskraft ist. *Prakriti,* die weibliche Energie, ist die ewige Energie, während *purusha,* die männliche Energie, fortwährend Formen schafft, die kommen und gehen. *Prakriti* zeugt den Intellekt, während *purusha* den Verstand und die fünf Sinne erschafft. Der Verstand und die Sinne halten den *purusha* in der materiellen Welt gefangen; er kann sich selbst nur befreien, wenn er die *prakriti* entdeckt, die die einzige wahre und bleibende Wirklichkeit ist.

Meine wichtigsten Erkenntnisse der buddhistischen Tradition stammen von der Begegnung mit Menschen im buddhistischen Teil Indiens, auf Sri Lanka, in Hongkong, in Singapur und auf den Philippinen. Dort leitete ich Exerzitien und die Exerzitanten teilten mit mir ihre Antworten auf Gebetserfahrungen. Die Reaktionen der Männer unterschieden sich ziemlich von denen, auf die ich in anderen Kulturen gestoßen war. Hier waren die Antworten voller Mitgefühl statt von Urteilen geprägt; sie waren aufgeladen mit intuitiven Vorstellungen statt mit intellektuellen Konzepten; sie bezogen sich auf persönliche Lebenserfahrungen statt auf verstandesmäßige Erklärungen. Die Leben der Exerzitanten gründeten stärker auf Spiritualität als auf dogmatischen religiösen Lehren; mehr noch: Sie verbanden religiösen Glauben auf ganz natürliche Art mit ihrem persönlichen Leben.

Ich wurde neugierig, was diesem Zugang zur Spiritualität zugrunde lag, der für mich in meiner Funktion als spiritueller Berater etwas Neues war. Ich kam zum Schluss, dass die Reaktionen der Menschen auf das Gebet viel mit den buddhistischen Grundlagen ihrer Kulturen zu tun hatten. Obwohl sie im christlichen Glauben getauft waren, entstammte ihr Glaubensausdruck dem buddhistischen kollektiven Unbewusstsein. Die buddhistische Tradition beruht auf Mitgefühl und Gleichmut, und ihr Symbol ist der Lotos. Der Lotos wächst im Schlamm und streckt sich über dessen Oberfläche hinaus, um als prächtige Blume zu erblühen, die ihren Duft verströmt, sobald sie ein Bad in der Sonne nimmt. Nachts schließt sich die Blume wieder, senkt sich unter die Wasseroberfläche und erhebt sich, unberührt vom Schlamm, bei Sonnenaufgang aufs Neue. Dieses Muster des Wachsens symbolisiert den Fortschritt der Seele, wie sie sich durch die Wasser der Erfahrung hindurch aus den Zwängen der materiellen Welt befreit und sich in den strahlenden Schein der Erleuchtung erhebt.

Mitgefühl offenbart sich am wirkungsvollsten durch die weibliche Bodhisattva (»erleuchtetes Wesen«) Kwan Yin, deren Sanskrit-Name »aus dem Lotos geboren« lautet. Ihr chinesischer Name bedeutet: eine, die stets wachsam auf Klänge hört und daher auf unsere Gebete achtet. Sie verkörpert die Eigenschaften völliger Akzeptanz und bedingungsloser Liebe und ist für jeden erreichbar. Sich dieser Göttin des Mitgefühls hinzugeben, bedarf keiner festen Rituale oder Dogmen, sondern inspiriert uns dazu, in uns jene besonderen verfeinerten Eigenschaften zu kultivieren, von denen gesagt wird, dass alle Wesen von Natur aus rudimentär über sie verfügen: Mitgefühl, Liebe und Dienstbereitschaft.

Kwan Yin entwickelte sich aus ihrem männlichen Prototypen Avalokiteshvara, »dem barmherzigen Herrn der höchsten Erleuchtung«. Gemäß einem der Mythen über Kwan Yin war sie eine Buddhistin, die durch ihr vollkommenes Leben auf der Erde sich das Recht erwarb, die Verzückung des Nirwanas zu erleben – ewiges Glück. Ebenso wie Avalokiteshvara hörte auch sie die Schreie der leidenden Menschheit, als sie kontemplierend vor den Pforten des Paradieses stand. Ihr mitfühlendes Herz veranlasste sie, einen Schwur abzulegen, dass sie nicht weiter zu ihrer ewigen Glückseligkeit voranschreiten, sondern mitten unter der Menschheit verbleiben werde, bis alle anderen Wesen inneren Frieden erfahren hätten. Kwan Yin ist die Verkörperung von mitfühlender Herzensgüte und ist damit ein starker Widerhall von Maria, der Mutter Jesu.

33

Maria: Gottes weibliches Antlitz im Christentum

Maria empfängt Gott, damit Er durch sie geboren werde; danach ist sie getrieben, dieses Wissen zu teilen.

HEUTZUTAGE WIRD DEN WEIBLICHEN ASPEKTEN DES Heiligen immer mehr Aufmerksamkeit zuteil, sogar im Judentum und im Christentum. Zweifelsohne ist ein Großteil der Energie, die in dieser Erneuerung der christlichen Symbole wirkt, auf säkulare Anschauungen und Befreiungstheologien zurückzuführen. Wir werden uns zunehmend bewusst, dass in dem in der kolonialisierten Welt verbreiteten Christentum Jesus zwar geboren wurde und starb, doch nie gelebt hat oder von den Toten auferstanden ist. Das ganze dortige christliche Leben konzentrierte sich vornehmlich auf Weihnachten und die vorösterliche Fastenzeit mit dem Karfreitag als ihrem Höhepunkt. Für ihre alltäglichen Bedürfnisse wendeten sich die Menschen mit unterschiedlichen Andachtsformen an Maria. Die Kraft, welche die Christen aus Maria zogen, wurde in der dunklen Welt, die sich die herrschenden Klassen im Namen Gottes und der Religion unterworfen hatten, real und wirkungsvoll.

Heute arbeiten Theologen daran, Maria ihren rechtmäßigen Platz zukommen zu lassen, indem sie auf die Schrift und die Traditionen der Kirche zurückgreifen. Maria, die Mutter Jesu, ist das weibliche Prinzip, welches das christliche Leben von allem Anfang an durchdrungen hat. Die christliche Theologie basiert auf Gottes Offenbarung und Selbstvermittlung durch Jesus Christus. Maria ist Gottes Kanal, durch den wir Immanuel, »Gott mit uns«, erleben. Maria gebar aber nicht nur Immanuel; durch denselben Akt wurde sie auserwählt, am Göttlichen Werk der Errettung teilzuhaben durch ihr persönliches Einssein mit Gott – dank ihrer völligen Hinwendung zu Gott.

Im frühen Schrifttum der Kirchenväter wird Maria mit Eva verglichen. Während Eva die Menschheit in einem Stadium repräsentiert, das der Rettung bedarf, steht Maria für die erlöste Menschheit und wird zum Kanal für die Errettung der Welt. Eva lebte mit Adam in Unwissenheit und ohne Bewusstsein. Doch als sie Adam einlud, die Frucht der Erkenntnis und des Bewusstseins zu essen, nannte Adam sie die Mutter aller lebenden Wesen und die Quelle des Lebens. Maria wird zu dieser neuen Eva, zum Vorbild vollständigen Wissens und Bewusstseins.

Marias Art zu leben spiegelt sich in ihrer Antwort auf Gottes Einladung, die Mutter von Immanuel zu werden: »Mir geschehe gemäß Gottes Wort.« Einfach übersetzt heißt dies: »Lass mir das Leben so geschehen, wie Gott es gesagt hat.« Wenn gute Dinge geschehen, ist Maria da und nimmt die Hosiannas entgegen, ohne an den guten Zeiten festzuhalten. Wenn sie schreien: »Kreuzigt ihn!«, ist sie vollkommen gegenwärtig, empfängt den Schmerz, ohne sich an ihr Leid zu klammern oder es abzulehnen. Indem sie die Dunkelheit des Schmerzes und die Freude durchlebt, wird sie geläutert und erleuchtet. Von Herzen sinnt sie über das Mysterium des Lebens nach und lebt ihr Leben voll und ganz.

Maria lehrt uns, die Fülle des Lebens als Gottes Günstlinge zu leben, als Gottes Bild und Gleichnis – als der Atem Gottes. Marias Cousine Elisabeth zeigte ihre Einsicht in das

Geheimnis von Marias Art zu leben, als sie ausrief: »Oh, selig bist du, die du geglaubt hast! Denn es wird vollendet werden, was dir gesagt ist von dem Herrn« [Lukas 1.45]. Marias Antwort auf Elisabeth lehrt uns, unsere wahre Identität zu finden und das mächtigste aller weiblichen Gebete zu sprechen: »Siehe, von nun an werden mich selig preisen alle Kindeskinder« [Lukas 1.48].

Maria empfängt Gott, damit Er durch sie geboren werde; danach ist sie getrieben, dieses Wissen zu teilen. Sie eilt zu ihrer Cousine Elisabeth. Diese kannte die Dunkelheit der Kinderlosigkeit und erfuhr die Hand Gottes innerlich, als sie in ihrem fortgeschrittenen Alter schwanger werden durfte. Von diesem Moment an konnte sie verstehen und annehmen, dass es dieselbe Göttliche Liebe war, durch die auch Maria gesegnet war. Als Maria bei Elisabeth eintrifft, macht das Baby in Elisabeths Schoß einen Freudensprung. Dies ist eine äußerst tiefgehende Lektion für diejenigen, die Menschen in Not ihre Hand reichen und die Welt verändern wollen. Solange wir nicht das Göttliche in unseren Herzen empfangen, wird niemand vor Freude hüpfen und springen. Wir mögen mit unseren Worten eloquent und in unseren Schriften brillant sein, doch ohne unsere Empfänglichkeit für Gott werden wir kein Herz berühren und kein Leben verändern. Außerdem dient wahre Gotteserfahrung der Erbauung anderer und fließt über in die Menschen, auf die wir zugehen.

Das Geheimnis von Jesu Geburt enthält eine praktische Lektion darüber, wie wir uns von allem befreien, was der Mensch fürchtet: Armut, Missachtung und Erniedrigung. Wenn wir uns mit Immanuel identifizieren, werden wir wie Maria unsere Göttlichkeit erkennen. Zusammen mit Maria werden wir gemeinsame Bande knüpfen mit den einfachen Hirten und den Weisen, den Heiligen Drei Königen.

Im Johannesevangelium findet Maria ihre Identität mit dem Logos. Indem er Maria »Weib« nennt (Johannes 2.4), setzt Johannes Maria mit der Frau gleich, der in Genesis 3.15

vorausgesagt wird, dass sie aufseiten des Logos den Kopf der Schlange zerquetschen werde. Dies ist dieselbe »Frau«, von der uns Jesus vom Kreuz aus sagt, sie sei unser aller Mutter und unser Vorbild (Johannes 19.25–27). Maria zeigt uns, wie wir auf unsere Erlösung hinarbeiten können, indem wir unsere Göttliche Identität in Gott finden und erfahren, wie wir mit der ganzen Welt verbunden sind.

34

Die tieferen Mysterien des Lebens: ein Gespräch

Die Heiligen Drei Könige waren bereit,
alles aufs Spiel zu setzen, sich zu verirren,
getäuscht zu werden, Fehler zu begehen.

EINMAL TRAF ICH MICH MIT EINER GRUPPE VON Frauen, die sich ernsthaft damit auseinandersetzten, was mit ihnen nach dem Tod geschehen werde. Ich war überrascht von ihren Bedenken und Sorgen, da sich diese Frauen sehr von denen unterschieden, denen ich in anderen Teilen der Welt begegnet war. Es handelte sich um bekennende Christinnen, die sich, nachdem sie ihre Kinder großgezogen hatten, in einer Art Vorruhestand befanden. Finanziell ging es ihnen recht gut und sie verbrachten nun ihre Zeit damit, die Bibel zu lesen und sich darüber auszutauschen. Sie hatten soeben das Matthäusevangelium fertigstudiert und zogen daraus die Schlussfolgerung, selbst noch nicht genügend gute Werke vollbracht zu haben, um den Himmel zu verdienen. Und so stellten sie eine Liste zusammen von Dingen, die sie tun könnten, um sich Verdienste zu sammeln, sodass, wenn sie nach ihrem Tod vor Gott erscheinen würden, diese guten Taten ihnen den Eintritt in den Himmel bescheren könnten. Sie hielten Ausschau nach Menschen in Armut, denen sie helfen konnten, arbeiteten ehrenamtlich in Krankenhäusern und Pflegeheimen und suchten nach weiteren Möglichkeiten, Gutes zu tun.

Obschon es sich um Frauen handelte, erkannte ich, dass ihre Einstellung dem Himmel gegenüber nicht wahrer weiblicher Energie entsprang. Das spirituell Weibliche führt nicht Buch, genauso wenig, wie eine Mutter alles aufschreibt, was sie für ihre Kinder getan hat; eine Mutter liebt einfach. Jeder Mensch, männlich oder weiblich, der aus der weiblichen Energie der Seele heraus liebt, liebt, ohne buchzuführen oder auf Belohnung zu schielen. Obwohl sich diese Frauen sehr liebevoll und fürsorglich engagierten, waren die guten Taten, die sie zu tun planten, keine Liebeshandlungen. Sie suchten Menschen, die ihnen dabei nützlich sein konnten, persönliche Meriten im Himmel zu ernten. Ich fühlte mich dabei an eine Sozialarbeiterin erinnert, die einmal geäußert hatte, sie hoffe, es werde immer arme Menschen geben, sodass sie ihnen helfen könne. Was geschieht denn dann mit jenen Menschen, die aufgrund von Alter oder Krankheit niemand anderem mehr helfen können, sondern selbst Hilfe brauchen?

Was diese Frauengruppe aus dem Matthäusevangelium herausgelesen hatte, war, dass wir eine Menge guter Taten abzuliefern hätten, ansonsten wir mit negativen Auswirkungen rechnen müssten. Da die schlechten Taten bestraft würden, sorgten sich diese Frauen andererseits um diejenigen, die anscheinend ein sündhaftes Leben führten – am Tag des Jüngsten Gerichtes würden diese in argen Schwierigkeiten stecken. Die Frauen hatten dabei insbesondere jene Leute im Auge, die ihre Zeit in den Spielkasinos von Las Vegas verbrachten, und befürchteten, dass alle diese, wenn sie sterben, in die Hölle kämen. Jene Leute mussten sich also ändern und bereuen. Und diese Frauen waren fest entschlossen, für deren Bekehrung und die Errettung ihrer Seelen zu beten.

Beim Gespräch mit diesen Frauen über das Matthäusevangelium brachte ich ein, dass in dieser Schrift doch so viel mehr enthalten ist als die Bestrafung. So sagt Jesus dort beispielswiese: »Denn ich war hungrig und ihr habt mir zu essen gegeben; ich war durstig und ihr habt mir zu trinken gegeben. [25.35]« In Erinnerung all der guten Werke, die sie geleistet, all der Spenden, die sie den unterschiedlichsten Wohltätigkeitsvereinen gegeben und all der vielen Menschen, denen sie geholfen und für die sie gebetet hatten, nickten die Frauen zuversichtlich. Ich malte mir aus, wie überrascht diese wohlmeinenden Menschen wohl wären, wenn sie den Herrn sagen hörten: »Ich rede nicht von euch. Ich spreche über diejenigen, die sagen: ›Herr, wann ist dies geschehen? Wann warst Du hungrig, wann brauchtest Du etwas, wann habe ich Dir zu essen gegeben?‹« Sehen Sie, das ist die wahre Antwort der weiblichen Seele; sie führt nicht Buch über das Gute, das sie tut. Die Haltung eines Menschen, dessen weibliche Seelenenergie überläuft, ist: »Was ist daran so besonders? Was soll daran groß sein? Warum sollte ich eine Belohnung verdienen?«

Im weiteren Gespräch mit diesen Frauen lenkte ich ihre Aufmerksamkeit auf den Abschnitt im Matthäusevangelium, wo Jesus das Reich Gottes mit einer unschätzbaren Perle oder einem auf dem Feld vergrabenen Schatz vergleicht. Die Perle wird im Dunkel einer Auster gebildet, und der Schatz liegt versteckt in der Dunkelheit der Erde. Wenn der Mensch die Perle oder den Schatz findet, verkauft er alles, um nur noch dieses unschätzbare Geschenk zu behalten. Diejenigen, die den Schatz in spiritueller Dunkelheit finden, erkennen das Absolute in ihrem Leben, und nichts anderes zählt mehr; für das Absolute geben sie alles andere auf.

Als wir diese Dynamik reflektierten, begriffen wir, dass nicht das wirklich zählt, was wir tun, was wir aufgeben oder nicht aufgeben. Tatsächlich von Bedeutung ist: Haben wir den Schatz gefunden? Haben wir die Perle? Haben wir unsere Identität im Göttlichen gefunden? Können wir Gottes völlige Akzeptanz und bedingungslose Liebe für uns als Wirklichkeit erkennen, die wir von innen nach außen spüren? Dieser Schatz kann nicht verdient werden; er wird großzügig denjenigen geschenkt, die wissen, wie er zu empfangen ist.

Am Jüngsten Tag wird Gott von uns keinen Beleg darüber verlangen, wieviel wir verkauft oder aufgegeben haben, um diese Perle zu erstehen. Gott wird Sich die Perle anschauen, die sich in der Dunkelheit geformt hat. Haben wir den Schatz gehoben, der in der Dunkelheit unserer Lebenserfahrungen verborgen lag?

Ich machte diese Frauen auf die Geschichte der Magier aufmerksam, die aus dem Osten gekommen und dem Stern gefolgt waren, der zum Christuskind führte. Die Heiligen Drei Könige suchten nach den tieferen Mysterien des Lebens und waren bereit, alles für den Stern zu opfern, der sie anzog; sie hatten den Schatz und die Perle erspäht. Ihre Suche schien weder rational, noch war sie logisch. Sie waren bereit, alles aufs Spiel zu setzen, sich zu verirren, getäuscht zu werden, Fehler zu begehen. So, wie einst jene Magier, werden wir, wenn wir dem Stern folgen, das Geheimnis, das Mystische, das Göttliche, Immanuel, Gott mit uns, finden. Doch wie die Heiligen Drei Könige müssen wir uns durchs Dunkel der Nacht, durch die Tiefen und die Dunkelheit unseres Lebens unseren Weg bahnen.

Als wir unser Gespräch über das Matthäusevangelium begonnen hatten, waren die Frauen besessen von der Realität ihrer besonderen Strafe und dem Jüngsten Gericht. Sie wollten vorbereitet sein auf den Jüngsten Tag, wenn die menschliche Rasse sich vor Gott versammelt und es heißen würde: ewige Belohnung im Himmel oder ewige Bestrafung in der Hölle. Eine der Frauen fragte mich, ob ich denn niemals darüber nachdächte, was mit mir geschehen wird, nachdem ich gestorben bin. Ich antwortete: »Doch, manchmal. Aber ich habe keine Angst, weil ich Gott derart vertraue, dass, egal was ich tue oder was passiert, Er mich zu Sich und zum Göttlichen Selbst nehmen wird.« Ich fügte hinzu, dass, falls Gott nicht der Gott der Liebe und der Vater des verlorenen Sohnes ist, ich es vorziehen würde, in der Hölle zu sein. Ich bin zuversichtlich, dass ich, wenn ich gestorben bin, bei Gott sein werde. Diese Intuition folgt nicht unbedingt der vernünftigen Logik eines soliden wissenschaftlichen Beweises oder einer theologischen Gewissheit. Ich kann Ihnen nicht sagen, warum ich dies weiß. Ich weiß es einfach. Ich kann es nicht rechtfertigen und Ihnen auch keine Belege liefern, die Sie zweifelsfrei überzeugen. Ich weiß es einfach. Die Fähigkeit zu wissen, was unerkennbar ist – sie ist ein Geschenk des weiblich Göttlichen in jedem von uns.

35

Alter, Furcht und Liebe

Tatsächlich war es die Liebe für das Leben,
die den verlorenen Sohn in die Welt hinausgeführt hatte,
sodass er sich verirrte und aus seinem Leben
ein Schlamassel machte.

EINS MEINER GEISTLICHEN LIEBLINGSÄMTER IST DAS für Betagte, und eines meiner bevorzugten Themen im Gespräch mit ihnen ist, dass Gott unser Auftauchen erwartet, damit Er mit uns angeben kann. Daran glaube ich fest. Ich kann Ihnen nicht sagen, wie viele ältere Menschen ich in den Tod begleitet habe, die fröhlich in der Erwartung der Gegenwart Gottes und des Freudenfestes starben.

Manchmal fordere ich diese Menschen auch heraus, indem ich sie nach ihren gebeichteten Sünden befrage. Einmal fragte ich einen älteren Mann, ob die Sünden seiner Jugend dieselben gewesen seien, wie diejenigen, die er im Alter beichtete. Er antwortete: »Ja, die meisten schon.« Und ich sagte: »Bestimmt waren Ihre Jugendsünden die interessanteren, jetzt verbleiben Ihnen die eher langweiligen. Und glauben Sie wirklich, dass Gott an denen interessiert ist?« Gott kümmern die kleinen albernen Dinge nicht, die wir anstellen. Ich frage mich, ob Gott vielleicht auch an dem großen Guten, was wir so tun, gar kein Interesse hat. Gott wartet einfach darauf, dass wir aufkreuzen!

Ein anderer älterer Herr klagte, dass er sich fürs Sterben bereit mache, aber nicht genug dafür getan habe, um den Himmel zu verdienen. In Tat und Wahrheit hatte er viele Jahre damit verbracht, Menschen näher zu Gott zu bringen. Er hatte Heiligenbildchen an ihren Arbeitsplätzen hinterlassen und seine Gespräche hatten sich immer um den Glauben an Jesus gedreht und darum, ihn zu deren persönlichem Retter zu machen. Er hatte viel wohltätige Arbeit geleistet. Aber nun, da er alt und zu schwach war, sein Haus noch zu verlassen, konnte er all die guten Werke nicht länger tun, und das beunruhigte ihn.

Auf der Stelle sagte ich ihm, er solle aufhören, Gott zu lieben. Er schaute mich verdutzt an, und ich glaube, er war kurz davor, mir zu sagen, ich solle gehen. Aber ich fuhr fort, dass er nun für den Rest seines Lebens Gott die Chance geben solle, *ihn* zu lieben. Ich hatte den Verdacht, dass sein Eifer, Gott zu lieben, ihm oftmals in die Quere gekommen war, all die Liebe zu empfangen, die Gott für ihn hegte. Ich erklärte, dass die einzige Liebe, die wir anderen und Gott geben können, die Liebe sei, die wir uns erlaubt haben, selbst entgegenzunehmen. Der Mann hatte sein ganzes Leben damit zugebracht, sich anzustrengen, Gutes zu tun, um im Himmel Verdienste anzusammeln. Ich sagte, dass er dem älteren

Bruder in Jesu Gleichnis vom verlorenen Sohn ähnelte, der zum Vater sprach: »Siehe, so viele Jahre *diene* ich dir und habe dein Gebot noch nie übertreten.« Doch als sein Vater antwortete: »Mein Sohn, du bist allezeit bei mir, und alles, was mein ist, das ist dein«, wusste der Sohn nicht, wie er es annehmen sollte – so beschäftigt war er damit, sich *abzuplagen,* Gutes zu tun, und Meriten anzuhäufen.

Nach einer gewissen Lebenszeit – insbesondere, wenn wir ein gewisses Alter erreicht haben – macht es keinen Sinn, Gott mehr lieben zu wollen durch die guten Taten, auf die wir seit früheren Jahren gesetzt haben. Irgendwann haben wir das Gefühl, nicht genug getan zu haben, aber auch nicht noch mehr vom Gleichen tun zu können. Warum also nicht einfach etwas ändern? Warum nicht den Rest unseres Lebens damit verbringen, Gott zu erlauben, uns zu lieben? Wahrscheinlich wird Gott sehr erleichtert sein, wenn wir aufhören, uns so anzustrengen und uns einfach für Seine Liebe öffnen.

Der verlorene Sohn in der Geschichte wusste, wie er das Leben genießen und die Geschenke und den Segen seines Vaters annehmen konnte. Tatsächlich war es die Liebe für das Leben, die ihn in die Welt hinausgeführt hatte, sodass er sich verirrte und aus seinem Leben ein Schlamassel machte. Aber er ging das Risiko ein, er verlief sich – und er kehrte nach Hause zurück, weil er wusste, dass sein Vater ein gerechter, barmherziger, liebender Mann war.

Haben Sie Angst vor dem Sterben? Grübeln Sie über das Leben nach dem Tod? Sorgen Sie sich noch immer wegen jenes Jüngsten Gerichts? Woher haben wir diese Vorstellungen vom Leben nach dem Tod, die so viel Furcht und Schuldgefühle verursachen? Wer hat uns diese Bilder überliefert? Wenn jemand den Buddha auf das Leben nach dem Tod ansprach, wollte dieser wissen, ob es sich bloß um eine philosophische Frage handle oder ob der Fragesteller es wirklich zu wissen wünsche. Falls er es wirklich wissen wollte, pflegte der Buddha zu antworten, man könne den Tod für ihn jederzeit arrangieren, dann werde der Fragesteller über das Leben nach dem Tod mit Sicherheit Bescheid wissen. Da wir noch nicht gestorben sind, können wir uns ruhig erlauben, das Geschenk des Lebens zu feiern.

36

Schöpfung und Sünde: Zwei Perspektiven bilden das Ganze

WIR KÖNNEN DIE MÄNNLICHE UND DIE WEIBLICHE Energie in den beiden Schöpfungsgeschichten des Christentums erkennen. In der ersten Beschreibung schafft ein weit entfernter Gott alles: In dieser Schöpfung besteht eine Ordnung und die Menschen bilden darin den Höhepunkt. Ein liturgischer Widerhall scheint in dieser Schöpfungsgeschichte nachzuklingen. Während der ersten drei Tage trennt Gott das Licht von der Dunkelheit, das Wasser vom Himmel und die Gewässer vom Festland. Während der anschließenden drei Tage verfeinert Gott das voneinander Getrennte. Er platziert die Sonne in den Tag und den Mond und die Sterne in die Nacht, die Fische ins Meer und Tiere und Vegetation auf dem Festland. Am sechsten Tag erschafft Gott Mann und Frau, verleiht ihnen die Herrschaft über die gesamte Schöpfung und befiehlt ihnen, sich zu mehren und zu vervielfachen und sich die Erde untertan zu machen. Dies ist eine männliche Art zu leben – Herrschaft über die gesamte Schöpfung ausüben und sich die Erde unterwerfen.

Der männliche Gott erschuf den Sabbat, und am Sabbat kommen Sie – wohin? Nicht zu Gott; Sie kommen in den Tempel. Und wer befindet sich im Tempel? Der Priester ist im Tempel und der Priester bringt Ihr Opfer Gott dar. Und wenn Sie einmal im Jahr eine ganz besondere Gabe bringen, wird der Hohepriester damit im Allerheiligsten verschwinden. Sie selbst können also nicht direkt mit Gott in Verbindung treten, sondern brauchen Vermittler. Das ist die männliche Gotteserfahrung, in der das Männliche Ihr Leben und Ihre Beziehung zu Gott bestimmt. Es ist der männliche Weg, mit Gott in Beziehung zu treten – die Herrschaft über die Schöpfung besitzen und am Sabbat kommen, um seine Schulden zu begleichen.

In Genesis Kapitel zwei steigt nun dieser Gott, Der vorher irgendwo dort draußen war, herunter und spielt im Lehm. Dieser Gott hat einen Namen, Jahwe, und eine persönliche Beziehung mit der gesamten Schöpfung. Der Jahwe-Gott ist bereit, Sich schmutzig zu machen, um den Lehm in die Form eines Mannes zu verwandeln, und Er atmet diesem Mann Göttliches Leben ein. Dieser Akt ist weiblich. Eine Mutter macht genau dasselbe, wenn sie ein Kind auf diese Welt bringt. Wenn Sie Ihr Leben in ein anderes Leben atmen, werden Sie Teil dieses Lebens. Dann erschafft Gott die Frau, und zwar nicht aus dem Fuß des Mannes, sodass er auf ihr herumtrampeln, und nicht aus seinem Kopf, sodass die Frau ihn beherrschen kann. Gott erschafft die Frau aus der Seite des Mannes, sodass die beiden ebenbürtige Partner und Gefährten sein können.

Dieser persönliche Jahwe-Gott verleiht Mann und Frau nicht die Herrschaft über die Schöpfung und sagt ihnen auch nicht, sie sollen sich vervielfachen und sich die Erde untertan machen. Dieser mehr weibliche Gott will, dass Mann und Frau die Erde bewirtschaften. Er möchte, dass sie Teil von Gottes schöpferischer Energie werden und Sein schöpferisches Werk weiterführen. Gott gab uns diese Welt nicht, um sie zu beherrschen und sie uns untertan zu machen, sondern um sie immer wieder neu zu erschaffen und sie in das zu formen, was schön und Göttlich ist.

Besonders interessant an dieser Schilderung ist, dass Gott zuerst den Mann erschuf. Wäre dieser Mann allein geblieben, hätte das Schwierigkeiten zur Folge gehabt – es wäre eine Welt, die vollkommen durch das Männliche bestimmt wäre. Also entnahm Gott dem Mann eine Rippe und schuf die Frau als dessen Gefährtin; deshalb ist die weibliche Energie in der Lage, die männliche Energie in der Welt auszubalancieren.

In Genesis Kapitel eins zeugt Gott das Männliche und das Weibliche gleichzeitig. Er zeugt sie nach Seinem Göttlichen Bild und Gleichnis. Und so ist in jedem von uns Mann und Frau, Männliches und Weibliches. Mann und Frau können in Genesis als zwei verschiedene Personen gesehen werden, aber man kann ebenfalls erkennen, dass in jedem von uns Männliches wie auch Weibliches steckt. Es gibt weibliche Energie und männliche Energie; es braucht beide, um die Geschichte ganz zu erzählen.

Ebenso verfügen wir über einen männlichen und einen weiblichen Ansatz, was die Betrachtung des Sündenfalls der Menschheit betrifft. In der maskulinen Anschauung der Vertreibung von Adam und Eva verbietet Gott dem Mann und der Frau, Früchte vom Baum der Erkenntnis zu essen; wenn sie es dennoch täten, müssten sie sterben. Dieser Gott wollte die völlige Kontrolle über das Wissen. Adam und Eva waren ungehorsam gegenüber Gott und wurden aus dem Paradies vertrieben. Tatsächlich stellte Gott die Cherubim mit glühenden Schwertern um den Baum des Lebens, sodass die Menschen nie wieder auch nur in seine Nähe kommen könnten.

Der Erbsünde wegen sollte das menschliche Leben unwiederbringlich verändert sein. Die Menschen sollten von Schuld, Angst und Sorgen heimgesucht und ihre Leben von Schmerzen, Plagen und Problemen beherrscht werden. Die maskuline Energie stellt die Erbsünde, die fortan auf jedes Mitglied der Menschheit übergeht, in den Vordergrund. Der einzige Ausweg für die Menschheit besteht darin, dass Jesus in die Welt kommt und die Sünden von Adam und Eva wiedergutmacht. Jesus musste am Kreuz sterben, um uns von der

Sünde und ihren Folgen zu erlösen. Durch den Tod Jesu werden die Himmelstore wieder geöffnet, und durch die Taufe in Jesus wird die Erbsünde eines Menschen ausgelöscht. Nur durch Jesus werden die Menschen ihren Weg zurück ins Paradies finden. Und jeder, der diesem Weg nicht folgt, wird verflucht werden und niemals das Reich Gottes betreten können.

Ganz anders betrachtet die weibliche Energie ebendieses Geheimnis der Menschwerdung. Im Text von Genesis Kapitel drei finden weder Sünde noch Satan Erwähnung. Jesus wurde demgemäß in diese Welt hineingeboren als Lobpreisung von Gottes Schöpfung – der Neuerschaffung, der Vollendung der Schöpfung –, nicht allein für die Menschheit, sondern für die gesamte Schöpfung. Die weibliche Seele schaut auf Adam und Eva und sieht in ihrer Geschichte weder Stolz noch Ungehorsam, sondern ein Stadium der Unkenntnis ohne Bewusstsein. Es war die Schlange, welche die beiden durch die weibliche Eigenschaft der Intuition zu Wissen und Bewusstsein brachte. Der ursprüngliche Text in Genesis führt die Schlange als Geschöpf Gottes ein, das über ein geheimes Wissen verfügt, welches keine andere Kreatur besitzt. Bis zum fünften Jahrhundert wurde die Schlange nie mit Satan gleichgesetzt, sondern war ein Symbol der Weisheit, des Mysteriums und des Heilens. Und weil die Schlange feminine Energie besitzt, nähert sie sich auch der Frau, um diese einzuladen, vom Baum der Erkenntnis zu essen; wenn sie von der verbotenen Frucht äße, würde diese ihr die Augen öffnen, sie weise und fähig machen, sich selbst so zu sehen, wie Gott sie geschaffen hat, als Gottes Ebenbild und Gleichnis. Mit ihrer weiblichen Intuition glaubte die Frau der Schlange, aß die Frucht und bot sie ihrem Ehemann an, der auch davon nahm. Daraufhin wurden ihnen die Augen geöffnet und sie erkannten, dass sie nackt waren.

Nacktheit ist ein wunderbares Symbol für Durchsichtigkeit; nun konnten sie sich selbst so sehen, wie sie wirklich waren, nämlich »wie« Gott – ein Ebenbild und Gleichnis Gottes. Der Frau war von der Schlange gesagt worden, dass sie sterben müssten, wenn sie von der Frucht äßen oder diese auch nur berührten. Nun aßen sie die Frucht und starben nicht, im Gegenteil: Adam nennt seine Frau Eva, weil sie die Mutter allen Lebens ist. Tatsächlich wird sie zur Quelle des Lebens. Durch das Essen der verbotenen Frucht gelangen Eva und Adam zu intuitivem Wissen und Bewusstsein darüber, wer sie wirklich sind.

Also kommt Jesus in diese Welt, um uns volles Bewusstsein und die ganze Kenntnis darüber zu bringen, wer wir sind und worum es im Leben geht. Jesus kommt, um uns Leben zu geben, Leben in seiner ganzen Fülle (Johannes 10.10). Jesus kommt nicht in die Welt, um uns von unseren Sünden zu erlösen, sondern damit wir mit Gott und untereinander versöhnt werden.

Jesus kommt in diese Welt, um uns zu lehren, wie wir uns unserer Umhänge entledigen, die wir uns im Garten Eden übergeworfen haben – und die uns in Männer und Frauen, Heilige und Sünder, Priester und Nonnen und Laien unterscheiden. Diese Umhänge sorgen für die Hierarchie in der Gesellschaft und in der Religion; sie trennen die Inder von den Amerikanern, die Amerikaner von den Chinesen, die Chinesen von den Russen. Jesu Auftrag ist es, uns zu helfen, uns in unserer Nacktheit zu erkennen. In der Durchsichtigkeit unseres Selbsts werden wir das Ebenbild und das Gleichnis Gottes sehen und den Göttlichen Atem erkennen, der in jedem Geschöpf und in jedem menschlichen Wesen gegenwärtig ist. Wir erkennen die Verbundenheit allen Lebens.

Warum ist Jesus am Kreuz gestorben? Er starb für das, was er predigte, und für das Leben, das er führte: Es gibt keine größere Liebe, als wenn ein Mensch sein Leben für seine Freunde hingibt. Und was predigte Jesus? Einen Glauben, der seinen Ausdruck in einer lebendigen Beziehung mit dem

Göttlichen findet. Steuereintreiber, Prostituierte und Sünder glaubten an Jesus und kamen schnurstracks in den Himmel, und zwar noch vor den Mächtigen und Selbstgerechten.

Wir erkennen also sogar in unseren heiligen Geschichten – von der Schöpfung und vom Sündenfall – einen Prozess des Werdens. Es gibt Risiken, die wir eingehen, und Gefahren, denen wir uns stellen müssen. Wir müssen ausbrechen, nackt werden und sogar das Paradies verlassen, um Gott zu erfahren.

37

Unterschiedensein

All die wunderbaren Eigenschaften, die eine Person einzigartig machen, können überschattet sein von der Angst, abgelehnt zu werden.

BEVOR WIR GEBOREN WURDEN, WURDEN WIR UNTERschieden, abgetrennt, und mit einer Göttlichen Botschaft in die Welt geschickt. Wenn wir diese Botschaft nicht bezeugen, wird es niemand tun. Diese Botschaft drückt die Bedeutung unseres Lebens aus und äußert sich in unseren persönlichen Begabungen. Manchmal ist es so, dass je einzigartiger unsere Begabungen sind, desto einsamer wir uns fühlen. In der Dunkelheit unseres Unterschiedenseins bekommen manche Angst und lehnen diese Begabungen entweder ab oder gehen irgendeinen Kompromiss ein, um dazuzugehören und nicht so allein zu sein.

Aber das Erkennen und Akzeptieren unseres Unterschiedenseins verfeinert unser Selbstbild und bringt Freiheit, Mut und einen neuen Geschmack fürs Leben mit sich. Wenn ein Mensch es zulässt, dass sein Leben einzigartig ist, ist dies der

Beginn eines authentischen Lebens – des Lebens, von dem Gott will, dass wir es genießen.

Manche Leute glauben, sich gegen die Demut zu versündigen, wenn sie ihre Begabungen anerkennen. Sie sind nicht selbstsicher genug, ihre Talente zum Ausdruck zu bringen, und so vergraben sie ihre Begabungen. Doch wenn sie realisieren, dass sie fähig sind, unabhängig zu denken – weil sie tatsächlich unterschieden sind –, dann verändert sich alles. Sie entwickeln das Verlangen, Dinge auf eine sinnvolle Weise zu tun, auch wenn sich ihre Art von derjenigen unterscheidet, wie andere Menschen Dinge tun. Sie beginnen, unbegrenzte Möglichkeiten zu sehen, wie man anderen helfen kann, insbesondere indem man ihnen diese tiefere Sehnsucht vermittelt, sie selbst zu sein.

All die wunderbaren Eigenschaften, die eine Person einzigartig machen, können überschattet sein von der Angst, abgelehnt zu werden. Diese Furcht hält Menschen davon ab, ihre Meinungen, Vorstellungen, Bedürfnisse und Gefühle auszudrücken. Die Angst vor Ablehnung vernebelt ihren Blick auf das Göttliche in ihnen selbst. Sie kann sogar verursachen, dass man sich vom Göttlichen zurückzieht, wodurch die Einsamkeit nur noch größer wird.

Hier ist der Bericht einer religiösen Schwester, die darüber kontemplierte, was es bedeutet, unterschieden zu sein:

> Wenn ich über meine Vergangenheit nachdenke, wird mir klar, dass ich versucht habe, in die Frauengruppen um mich herum hineinzupassen. Ich habe mich bemüht, mich ihnen, ihren Vorlieben und Abneigungen anzugleichen. Aus der Angst heraus, von anderen abgelehnt zu werden oder sie zu verlieren, habe ich in meinen freundschaftlichen oder anderen Beziehungen versucht, ihren Erwartungen, ihren Vorlieben, ihren Abneigungen und ihrem Gefallen zu entsprechen. Ich opferte meine eigenen Wünsche und Bedürfnisse und

quälte mich ab für die anderen. Auch in meiner Arbeit und meinem geistlichen Auftrag versuchte ich aus Angst vor Ablehnung, all die aufregenden Möglichkeiten, die auf meinem Weg lagen und all die Eingebungen, die mir zuteilwurden, zur Seite zu schieben. Je stärker ich dies tat, desto mehr entfremdete ich mich von meinem wahren Selbst. In der Konsequenz litt ich immer mehr an Einsamkeit und Unzufriedenheit. In diesem Schmerz der Einsamkeit begann ich mit meinen Exerzitien.

Dreiviertel des ersten Tages fühlte ich mich buchstäblich so, als ob ich mich durch die Dunkelheit tastete; ich konnte nicht verstehen, was mit mir geschah. Das hielt an, bis ich mit dem Exerzitienleiter sprach. Er machte mich darauf aufmerksam, dass ich eine Menge über die negativen Muster meines Lebens wisse. Er sagte, ich würde diese Muster auf eine gute Art reflektieren und mir wirkungsvolle Mittel einfallen lassen, um damit klarzukommen. Aber er bemerkte auch, dass ich es ablehnen würde, dasselbe mit den positiven Bereichen meines Lebens zu tun, insbesondere was die Begabungen anging, die Gott mir geschenkt hat. Er meinte, ich sei mit besonderen Talenten ins Unterschiedensein geschickt worden, und forderte mich heraus, diese anzuschauen und sie zu akzeptieren. Der Exerzitienleiter bat mich, über den Brief an die Galater 1.15–20 zu kontemplieren, in dem der heilige Paulus von seiner Überzeugung spricht, dass Gott ihn von der Ewigkeit unterschieden (auserwählt) habe, damit er den Heiden die Frohe Botschaft predigen solle. Das unterschied ihn von den anderen Aposteln, die in der jüdischen Gemeinschaft arbeiteten. Die Heiden waren kulturell, sozial und religiös von der jüdischen Gemeinschaft isoliert. Aber der heilige Paulus glaubte auch daran, dass er mit den notwendigen Begabungen gesegnet war, diesen persönlichen Auftrag zu übernehmen.

Als ich also über diesen Text nachdachte, spürte ich plötzlich, wie die Göttliche Gnade in mich hineinstürzte. Im Bruchteil einer Sekunde verstand ich, dass jeder Mensch mit einer Absicht von der Ewigkeit unterschieden wurde und dass wir mit unserem Dasein auf der Erde diese Absicht erfüllen sollen. Ich sah deutlich, wie ich meinem wahren Selbst mit all den Begabungen und besonderen Gnaden, die mir gegeben wurden, zu entfliehen suchte. Ich ließ mich auf die Unbestimmtheit ein, die darin liegt, unterschieden zu sein. Ich wurde weiter in die Dunkelheit hineingezogen – in die Dunkelheit, die der Furcht entsteigt, allein oder von den anderen getrennt zu sein. Als ich mich mit dem Mysterium der Dunkelheit aussöhnte, schien es, als ob ein Schatz in meiner Brust aufbrach und ich den Mut erhielt, die Verantwortung dafür zu übernehmen, ich selbst zu sein.

Nun verstehe ich tiefgreifend, dass die Begabungen, die Gott mir gegeben hat, durch mein Umarmen dieser Dunkelheit zur Vervollkommnung gebracht werden: die Fähigkeit, unabhängig zu denken; die Sehnsucht, die Dinge auf eine sinnvolle Art und Weise zu tun, auch wenn sich mein Handeln vom dem der anderen unterscheidet; die Begabung, unbegrenzte Möglichkeiten zu erkennen, wie anderen materiell und psychologisch zu helfen ist; und eine tiefere Sehnsucht, ich selbst zu sein.

38
Was die Dunkelheit bewirkt

ICH ERINNERE MICH, WIE ICH IN MEINER KINDHEIT geliebt, akzeptiert und wertgeschätzt wurde. Als Erstgeborener hatten meine Eltern mich herbeigesehnt und sie gossen ihre Liebe und ihre Träume über mich aus. Mit dem Älterwerden erfreute ich mich meiner Freunde und Gefährten, die mich ebenfalls akzeptierten und schätzten.

Und dennoch versetzte mich inmitten dieser positiven Erlebnisse eine plötzliche Einsamkeit in Erstaunen. Mein Verstand verstrickte sich in Gedanken über Tod und Sterben, doch nicht in einer besessenen, selbstmörderischen Art. In Tat und Wahrheit spürte ich bei diesen Gedanken eine Art von Freiheit, die der Tod bringen würde. Dieser Gedankenverlauf hielt eine lange Zeit an. Ich verstand nicht wirklich, was da geschah. Auch begann ich, mich selbst zu irritieren. Ich dachte: Warum kann ich nicht einfach die Güte des Lebens genießen, anstatt mich selbst unglücklich zu machen? Hinzu kam, dass ich neben diesen Gedanken häufig überempfindlich wurde gegenüber dem, was Menschen sagten, und dem Leben im Allgemeinen.

Dann begann ich zu verstehen, dass, wann immer ich mich neidisch, traurig oder ärgerlich fühlte oder auf irgendetwas anderweitig negativ reagierte, ich damit einhergehend eine Erfahrung tiefen Sehnens verspürte – das Verlangen nach meinem wahren Selbst. Immer wenn die negativen Reaktionen mich in den Tunnel der Dunkelheit hineinzogen und ich versuchte, mich ihnen zu stellen, schwoll auch mein Verlangen an, mich von dieser Negativität zu befreien. Irgendwann begann ich zu verstehen, dass meine dauernden Meditationen über den Tod Äußerungen eines unbewussten Verlangens waren, gegenüber meinem falschen Selbst zu sterben.

Wenn wir die Dunkelheit – der Einsamkeit, der Verwirrung oder von irgendetwas Negativem – wegstoßen, verpassen wir eine tiefgreifende Gelegenheit. Wenn wir uns jedoch erlauben, die Negativität zu erleben, wird genau diese Negativität unsere tieferen Sehnsüchte nach Ganzheit und Freiheit anregen. Dann können wir lernen, schwierige Situation einfach als Teil des Lebens zu betrachten; wir können dann hinter das Verhalten anderer schauen und sie so akzeptieren, wie sie sind. Und ebenso ist es uns dann möglich, uns selbst anzunehmen, wie wir sind, und unsere negativen Erfahrungen – innerliche wie äußerliche – als wichtige Aspekte unserer Entwicklung zu akzeptieren.

39

Vater und Mutter hassen

Während dieser prekären Reise des Werdens
sollten wir immer wieder innehalten und uns selbst fragen:
Bin ich das hier, oder ist das jemand anders?

»SOLANGE DU NICHT HASST DEINEN VATER, DEINE Mutter, deine Brüder und Schwestern und dein Selbst, kannst du nicht mein Jünger sein.« Diese Worte klingen sehr harsch, besonders aus dem Munde Jesu. Aber darin liegt Weisheit. Wir müssen unser Leben ganz genau betrachten und uns fragen: Lebe ich mein eigenes echtes Leben oder imitiere ich nur das eines anderen? Besitzen andere eine Fernsteuerung für meine Reaktionen, oder ist meine Reise von meinen eigenen Überzeugungen geleitet?

Kleine Kinder widerspiegeln das Ebenbild und Gleichnis Gottes und haben auf eine echte Art und Weise die Herrschaft über die gesamte Schöpfung. Sie leben ihre Leben höchst spontan und in völliger Freiheit. Doch sobald Kinder anfangen zu sprechen, werden ihnen Begriffe, Werte und Verhaltensmuster beigebracht, die von einer bestimmten Familientradition und Kultur gefärbt sind. Dieser Verzerrungsprozess des Göttlichen Ebenbildes und Gleichnisses beginnt in der Familie. Die Stimmen unserer Eltern – insbesondere die der Mutter oder von unserer vorrangigen Betreuungsperson – sinken tief in unser Unterbewusstsein und Unbewusstsein und prägen unser späteres Leben.

Für viele von uns beginnt in frühester Kindheit eine religiöse Erziehung. Unabhängig davon, um welche Tradition es sich handelt, beeinflusst sie unsere besonderen Erwartungen, Ängste, Einstellungen und Werte. Dadurch legt sich eine weitere Schicht von Stimmen auf die unserer Eltern. Später gehen wir zur Schule und der Prozess setzt sich fort. Wenn wir Glück haben, bietet die Schule ein bisschen Raum, in dem wir unsere Begabungen ausleben können. Gleichzeitig werden die Werte der herrschenden Gesellschaft verstärkt. Wissen wird uns eingetrichtert, Wissen, von dem erwartet wird, dass wir es übernehmen und weitergeben. Manchmal löscht genau dieser Prozess des Lernens, was von uns erwartet wird, unsere frühesten und echtesten Überzeugungen aus. Und eine weitere mächtige Dynamik entfaltet sich: unser soziales Interagieren mit unseren Mitschülern und Lehrern. Wir spüren den Zwang, in eine Gruppe passen zu müssen; wir gehen Kompromisse ein, nur um die Bestätigung von Gleichaltrigen zu erhalten. Dieses Muster wird sich in anderer Form fortsetzen, nachdem wir die Schule verlassen haben und unseren Weg hinaus in die Welt machen – an unserem Arbeitsplatz und in unseren gesellschaftlichen Aktivitäten. Einige von uns opfern ihr wahres Selbst für immer, damit in ihren Familien und ihrem sozialen Umfeld Frieden herrscht.

So glaube ich, dass Jesus, als er davon sprach, wir sollen Mutter, Vater, Schwester und Bruder hassen, sehr genau wusste, wie leicht es geschieht, dass wir unsere Gott-gegebene Fähigkeit zu lernen, zu wachsen und entsprechend unserer wahren Natur zu handeln, fallenlassen. Während dieser prekären Reise des Werdens sollten wir immer wieder innehalten und uns selbst fragen: Bin ich das hier, oder ist das jemand anders?

Wenn wir uns durch – und manchmal gegen – das Licht hindurcharbeiten, das Autoritätspersonen auf unsere urzeitliche Dunkelheit geworfen haben, werden wir in Stille und Einsamkeit zu unserem wahren Selbst finden. In diesem Stadium können wir uns nicht mehr auf die Sicherheit der Traditionen und Strukturen, der Älteren und Lehrer berufen. Wir haben nur noch das Selbst und Gott. Und aus dieser Dunkelheit heraus können wir wahrhaftig sagen: »Nicht mehr ich bin es, der lebt; es ist das Göttliche, was in mir lebt!«

40

Geistige Erquickung: Höhepunkt der spirituellen Reise

Wachstum, das im Dunkel geschieht, erlaubt uns, tiefer und tiefer in das Göttliche hineingezogen zu werden.

IM SPIRITUELLEN LEBEN GEHT ES UM DIE INNERE REISE zum Göttlichen. Der Zielort unserer Reise ist ein Stadium, in dem unser Verlangen und unsere Liebe für Gott alles andere in den Schatten stellen.

Die Reise beginnt häufig im Denken. Wir wollen die Geheimnisse des spirituellen Lebens und des Lebens als solchem erfahren und verstehen. Wir sind hungrig nach Büchern und Artikeln und lesen so viel, wie wir können; wir nehmen an Seminaren, Workshops und Exerzitien teil. Wir machen uns ausgiebig Notizen und versuchen, über die Juwelen, die wir auf dieser Suche finden, nachzudenken. Wir durchleben verzückte Augenblicke, wenn wir auf Worte oder Sätze stoßen, die uns tief bewegen oder das ausdrücken, was wir schon immer wussten oder erlebt haben. Uns werden Enthüllungen gewährt, die uns helfen, den tieferen Sinn des Lebens zu verstehen. Wir beschließen, ein besseres und erfüllteres Leben zu führen. Solche Erfahrungen äußern sich häufig in sichtbaren physischen und emotionalen Zeichen. Tränen, Veränderung der Körpertemperatur und sogar Sprachlosigkeit sind Anzeichen des Beginns einer langen inneren Reise zu Gott, Der in der Dunkelheit im innersten Kern unseres Daseins wohnt.

Wenn wir auf dieser Straße bleiben und auf der spirituellen Reise voranschreiten, werden wir erkennen, dass unser Herz und unser Verstand einzugreifen beginnen. Unsere mentalen Reflexionen fangen an, sich in die Erfahrungen unseres Herzens zu übertragen. Wir erleben Göttlichen Segen und einen Sinn für die Einheit mit Gott, bleiben uns jedoch unseres eigenen Selbsts in diesem Göttlichen Einssein bewusst. Wir finden keine Worte mehr, die diese innere Transformation beschreiben könnten. Wir fangen an, Sicherheit zu finden – nicht in äußeren Strukturen, sondern in uns selbst. Wir beginnen, unsere Hoffnung allein in Gott zu setzen. Diese Hoffnung stützt sich auf unseren ständig wachsenden Glauben an Gott. Dieser Glaube entwickelt sich langsam von einer gedanklichen Akzeptanz von Bekenntnissen und Dogmen hin zu einer persönlichen Beziehung mit dem Göttlichen. Die Auswirkungen dieser Beziehung fließen nun über in einen liebevollen Dienst an allem, was in unsere Welt tritt.

Die Triebkraft dieser Beziehung trägt uns jetzt in die tiefsten Nischen unseres Wesens, wo wir der Dunkelheit und der Einsamkeit begegnen werden. In dieser Tiefe besteht weder ein Bewusstsein des Verstandes noch des Herzens oder des Körpers. Es ist eine Erfahrung völliger Gegenwart und Wachheit und reiner Bewusstheit. Dann wird auf eine äußerst liebevolle Weise das Einssein mit der Seele erlangt, und alle Zellen des physischen Körpers werden geflutet mit Göttlicher Liebe. Unsere Lebensenergie fängt an, freier in uns zu fließen, und übernimmt uns langsam ganz und gar. Stunden-, tage- oder wochenlang können wir in diesem Stadium verweilen – bis wir unsere Aufmerksamkeit von der Seele wieder hin zum physischen Körper lenken. Nach einer langen Zeit dieses Seinszustandes werden wir unser physisches Leben auf eine beseelte Weise führen. Dies ist die einzige stabile unveränderliche Wirklichkeit; alles andere verändert sich unablässig und bringt weder dauerhaften Frieden noch Glückseligkeit.

Schließlich erreicht unsere spirituelle Reise ihren Höhepunkt in der Seelenruhe: Alles, was wir erleben, ist Frieden und Stille – geistige Erquickung. An diesem Punkt beginnen wir, Gott so zu erfahren, wie Er wirklich ist. In diesem Zustand gelangen wir über jegliche Sinnesvision Gottes hinaus. Der Vater, der Sohn und der Heilige Geist fließen in eins. Dieses Einssein mit der Göttlichen Essenz entspringt der innersten Tiefe unseres Wesens und durchdringt jeden Aspekt unseres Lebens. Es ist eine allmähliche Vermischung mit dem Göttlichen, bis nicht mehr wir es sind, die leben, sondern das Göttliche, Das in uns und durch uns auf die Welt um uns herum ausstrahlt. Jeder Augenblick unseres Lebens ist Teil der ewigen Zeit; jeder Ort, an dem wir sind, verbindet uns mit dem Rest des Universums. Wir fangen an zu spüren, dass wir ganz und gar mit der gesamten Schöpfung verbunden sind.

Was also unsere spirituelle Reise betrifft, bedeutet Wachstum nicht notwendigerweise Glück oder gute Taten oder gar heiligen Lebenswandel. Wachstum, das sich im Dunkel vollzieht, erlaubt uns, tiefer und tiefer in das Göttliche hineingezogen zu werden. Diese Dynamik verzehrt uns dermaßen, dass die eigentliche Energie Gottes aus uns als Individuum in die alltägliche Erfahrung überfließt und die ganze Welt in einen heiligen Ort verwandelt.

Über den Autor

Der aus Indien stammende ehemalige Jesuit Paul Coutinho ist ein Priester, international bekannter Gelehrter und Referent, der westliche Spiritualität und Psychologie mit östlichen Einsichten bereichert. Er hält Vorträge und Seminare und leitet ignatianische Exerzitien, die sich der unermüdlichen Suche des Herzens nach dem Göttlichen widmen wie auch dem Verlangen, das Leben in seiner ganzen Fülle zu erfahren. Er studierte Psychologie und promovierte zum Doktor der Historischen Theologie an der Saint Louis University in den Vereinigten Staaten. Paul Coutinho ist Autor verschiedener Bücher, darunter *Wie groß ist dein Gott?* sowie *Heilige Dunkelheit* und *Just as You Are.*

Ein mutiger Glaube erfordert einen großen Gott. In welche beschränkten Vorstellungen und Konzepte haben Sie das Göttliche eingesperrt? Falls Ihre Beziehung zu Gott distanziert oder beiläufig und Ihre Erfahrung des Göttlichen im Leben lau oder berechenbar geworden sind, lädt Paul Coutinho Sie ein, daran zu glauben, dass Gott größer ist – viel, viel größer! Jenseits von theologischem Dogmatismus und konfessioneller Schrebergärtnerei ist dieses Buch eine grandiose Aufforderung, in unserem Glauben tiefer zu leben und stärker zu wachsen, indem wir einen Gott umarmen, Dessen Liebe wahrhaftig keine Schranken kennt. Der aus Indien stammende und in den USA lehrende Priester, Psychologe und Theologe begeistert mit seinen Schriften und Vorträgen, die sich – mit einem östlichen Blick auf unsere westliche Spiritualität – der unermüdlichen Suche des Herzens nach dem Göttlichen widmen und unserem Verlangen, das Leben in seiner ganzen Fülle zu erfahren. *Wie groß ist dein Gott?* ist ein wunderbarer Wegweiser aus engen Bachläufen hinaus in den Fluss des Lebens und ins offene Meer des Göttlichen. Der Autor ermutigt uns mit aus dem Leben gegriffenen Geschichten, einer guten Prise Humor und wertvollen Inspirationen für unseren persönlichen Alltag, Herz und Verstand zu gebrauchen, sodass wir die unermessliche Weite Gottes erfahren können. Wir beginnen zu erkennen, dass eine immer tiefere Beziehung mit dem Göttlichen der wahre Zweck jeglicher Religion ist.

ISBN 978-3-942914-24-6
172 Seiten

Ein Schatz tiefer Einsichten aus spiritueller Perspektive in das große Mysterium des Atems. Inspirierende Vorträge, praktische Übungsanleitungen und eine Auswahl poetischer Texte aus unterschiedlichsten Traditionen laden uns ein, den Atem als Wunder auf vielen Ebenen zu erforschen.

Was ist dieser Atem? Welche Bedeutung liegt in diesem Leben spendenden Geheimnis? Wie wichtig ist das bewusste Atmen für echte spirituelle Transformation? Was sagt uns die Tatsache, dass unser Leben all seine Möglichkeiten zwischen einem Einatmen und einem Ausatmen entfaltet? Wie hängt das alles mit dem Rhythmus des Universums und der Zeit zusammen? Welche Rolle spielt der Atem im »Werden des Seins« aus dem immerwährenden »Schoß des Augenblicks«? Wie können wir Nahrung einatmen und sie ins alchimistische Exilier destillieren, das wir für die nachhaltige Verwandlung unseres Lebens brauchen? Wie können wir ausatmen, um die Atmosphäre in einem Raum oder in einer Situation zu verändern, in Verantwortung für unsere Mitmenschen und für die »kommende Welt«? Was könnte es bedeuten, dass Jesus »auf dem Wasser wandelte« und dass »Atem und Geist eins sind«? Welches ist die esoterische Beziehung zwischen Maria, Jesus, dem Geist Gottes, *Ruh Allāh,* und Christus?

Vor dem Hintergrund seines lebenslangen Studiums der inneren Essenz der Sufi-Lehren liefert uns der Autor Gedankenanstöße und praktische Tipps zur Atemarbeit in unserem Alltag.

ISBN 978-3-942914-09-3
172 Seiten

Das Johannesevangelium ist einer der bekanntesten und schwierigsten Texte des Neuen Testaments und hat mit seiner poetischen Schönheit und tiefen Spiritualität schon sehr viele Interpreten beschäftigt. Von besonderer Kraft und klarer Vision ist die Deutung von Johannes Scotus Eriugena, des irischen Weisen aus dem 9. Jahrhundert. Seine *Homilie* über den Prolog dieses Evangeliums, die im Mittelalter sehr einflussreich war, ist eines der frühesten Zeugnisse der keltisch-christlichen Mystik und deutet die Schrift außergewöhnlich originell und inspiriert. Auf den Schwingen des Adlers (dem traditionellen christlichen Symbol für Johannes) trägt Eriugena den Leser empor und lässt ihn den Ursprung des Universums und sein eigenes Wesen aus einer Perspektive schauen, die weit über die Welt der Erscheinungen hinausgeht. Für Eriugena ist Gott transzendent in Seinem unerschaffenen Wesen und gleichzeitig immanent in Seiner erschaffenen Natur. Diese hat sich im Anfang von Gott entfremdet und ist nun aufgefordert, zu Ihm zurückzukehren. Jesus, das Fleisch gewordene Wort, erinnert den Menschen an sein wahres Wesen und seine Bestimmung zur Rückkehr in die Einheit allen Seins.

Dieses Buch erschließt die Homilie Eriugenas in der wunderbaren Übersetzung und mit den ausführlichen Reflexionen von Christopher Bamford, dem renommierten Autor und Herausgeber auf dem Gebiet der westlichen Spiritualität.

ISBN 978-3-905272-86-4
228 Seiten

Sex ist eine der machtvollsten Kräfte in unserem Leben, und doch vermögen nur die wenigsten Menschen, ihn ganzheitlich zu betrachten. Weit über Fortpflanzung und Vergnügen hinaus kommt ihm besondere Bedeutung für die spirituelle Transformation des Menschen zu. Suchenden, denen sich zu diesem Thema schwierige Fragen stellen, bietet dieses Buch neue Denkanstöße und überraschende Blickwinkel auf eines der größten Wunder und tiefsten Rätsel der Schöpfung. In den hier zusammengestellten Auszügen aus seinen Vorträgen behandelt der Naturwissenschaftler, Philosoph und spirituelle Lehrer Bennett Themen wie den Ursprung der Sexualität, ihr Verhältnis zur Liebe, die Bedeutung des Geschlechtsakts, die komplementären Rollen von Mann, Frau und Kind, Ehe und Partnerschaft, Fortpflanzung, Elternschaft, Kreativität, »negativen Sex« sowie psychologische und gesellschaftliche Aspekte.

»Die innere Spaltung des Menschen ist die Trennung seiner geistigen und materiellen Hälften. Sie führt zur Unzufriedenheit und Suche, die seine Transformation erst ermöglichen. Die wirkliche Freude am Sex liegt weder in gedanklicher Stimulation noch in emotionaler Erregung, sondern in verbesserter Klarheit, Kraft und Stärke der Erfahrung auf allen Ebenen. Im Geschlechtsakt können wir wahrhaft wir selbst sein, und dies sollte uns in Sachen Sex sehr feinfühlig machen.«

ISBN 978-3-942914-06-2
120 Seiten

Die Weisheit der Propheten (Fusus al-Hikam) ist eines der populärsten Werke von Muḥyīddīn Ibn 'Arabī und handelt von der einen grenzenlosen Weisheit, die gleichzeitig einzigartig in sich selbst ist und vielgestaltig in ihrer Verkörperung durch die Linie der Propheten: von »der Göttlichen Weisheit im Wort Adams« über »die Weisheit selbstverlorener Liebe im Wort Abrahams«, »die erhabene Weisheit im Wort von Moses« und »die Weisheit der Weissagung im Wort von Jesus« bis hin zur »Weisheit der Einzigartigkeit im Wort von Mohammed«. Dieses außergewöhnliche Werk ist ebenso eine Darlegung der innersten Bedeutung der Existenz des Menschen und seiner Fähigkeit zur Vervollkommnung wie auch eine esoterische Auslegung des Korans und wirft ein erhellendes Licht auf die gemeinsame innere Essenz aller drei abrahamitischen Religionen. Es vermittelt eine Botschaft, der gerade in Zeiten aufkeimender religiöser Intoleranz und fundamentalistischer Verblendung ein unschätzbares Potenzial für die interkulturelle Verständigung innewohnt.

> »Auf diese Weise verlangte die Göttliche Ordnung nach der Klärung des Spiegels der Welt; und Adam wurde zur Klarheit dieses Spiegels und zum Geiste dieser Form selbst [...] und wurde ›Mensch‹ und ›Stellvertreter Gottes‹ genannt.«

ISBN 978-3-905272-71-0
178 Seiten

Guter Geschmack will gelernt sein: *Le bon-goût s'apprend.* Das gilt insbesondere für das spirituelle Schmecken der Einheit des Seins. In dieser einzigartigen Anthologie beschreiben liebestrunkene Sufis, wahrheitshungrige Gnostiker, erkenntnisdurstige Geisterseher und verschmitzt-weise Skandalgurus, hingebungsvolle Brotbäcker, humorbegnadete Geschichtenerzähler, ägäisverzauberte Lebensreisende und extremfastende Meisterspione Möglichkeiten und Wege, das Feine vom Groben zu unterscheiden, das Obere mit dem Unteren zu verbinden und so die scheinbare Trennlinie zwischen dem Körperlichen und dem Spirituellen zu überwinden. Wenn wir die ›Küchenarbeit an uns selbst‹ in der richtigen, nämlich dienenden Haltung angehen, kultivieren wir in uns diesen guten, feinen Geschmack für die Nähe Gottes. Bewusstes Kochen und Gekochtwerden lässt uns die Heiligkeit in der Transformation von Äußerem und Innerem entdecken.

Neben Ausgesuchtem von Dschalāl ad-Dīn Rūmī, Bahauddin Walad, Hafis, Khalil Gibran, Bülent Rauf, Reshad Feild, Muzaffer Ozak, G.I. Gurdjieff, P.D. Ouspensky, Idries Shah, Osho, Scotus Eriugena, Emanuel Swedenborg oder Henry Miller finden sich hier zum ersten Mal auf Deutsch vorliegende Trouvaillen von Annemarie Schimmel, Muḥyīddīn Ibn ʿArabī, John G. Bennett, Christopher Bamford und Paul Dukes.

ISBN 978-3-942914-20-8
324 Seiten

Eine ebenso spannende wie humorvolle, tiefgründige wie lehrreiche Liebes- und Abenteuergeschichte über Verlust und Neubeginn, über den Auszug aus der eigenen kleinen Welt und das Erwachen im großen Unbekannten. Es treten auf: Daud, ein erfolgreicher Kaufmann von der Mittelmeerinsel Aruad; Takla, eine junge Köchin im berühmten Nonnenkloster von Saidnaya; und Shams, ein alter Ziegenbock aus den Hügeln über Damaskus. Diese drei Unerschrockenen begleitet die *Damaszener Trommel* durch die syrische Landschaft des neunzehnten Jahrhunderts, mit ihrem vielgesichtigen Kaleidoskop von Völkern, Kulturen und Religionen aus der Levante, auf ihrer abenteuerlichen Reise durch Zeit und Raum und darüber hinaus. Eine zauberhafte Erzählung über Liebe und Selbsterkenntnis, Mut und Vertrauen, Schicksal und Bestimmung, Hingabe und Freiheit. In dieser modernen Tausendundeine-Nacht-Geschichte voller Überraschungen erleben wir die Abgründe des allzu Menschlichen und höchste Menschlichkeit, Niedertracht und Großmut, kriminelle Machenschaften und spirituelle Höhenflüge und begegnen Bösewichten und Helden, Narren und Weisen – und jeder Menge Ziegen. Christopher Ryan studierte Persisch und Osmanisch und schrieb als profunder Kenner der Menschen und Traditionen im Nahen Osten viele Jahre für englische Zeitschriften. In der *Damaszener Trommel* zieht er uns augenzwinkernd in den Bann einer höheren Wirklichkeit, die er im Stil des Magischen Realismus lebendig werden lässt.

ISBN 978-3-942914-21-5

300 Seiten

Dieses Buch handelt von dem Prozess, durch den ein Mensch die Grenzen seiner eigenen Natur überschreiten und ein ›neuer Mensch‹ werden kann. Es ist für jene geschrieben, die die Möglichkeiten der spirituellen Transformation erkunden wollen und die bereits die eine oder andere Methode ausprobiert haben, aber unbefriedigt geblieben sind. Bücher mit mehr oder weniger sinnvollen Vorschlägen, wie wir diese oder jene Seite unseres Charakters verbessern können, gibt es zuhauf, aber das ist bei Weitem nicht dasselbe wie Transformation, die sich auf den ganzen Menschen bezieht. Auf Basis seiner breiten Erfahrung aus der eigenen, lebenslangen Suche gibt der Autor praktische Ratschläge und hilfreiche Orientierung für eine fruchtbare »Arbeit an sich selbst«. Lebendig und verständlich geschrieben, beschränkt dieses Buch theorielastige Erörterungen auf das Notwendigste und vermittelt dafür viele konkrete Übungsvorschläge und anschauliche Beispiele, die sich in unserem Alltag umsetzen und überprüfen lassen.

»Es scheint geradezu das Ziel unserer Gesellschaft zu sein, die Menschen der Verantwortung für ihr Leben und Handeln zu entheben. Der Weg der Transformation muss das genaue Gegenteil sein. Wohin er uns sonst auch führen mag, er muss uns zu freien, verantwortlichen Individuen machen, die fähig sind, ihr Leben im Einklang mit dem größten objektiven Wohl zu gestalten.«

ISBN 978-3-905272-10-9
184 Seiten

Der erste Teil der autobiografischen Trilogie von Reshad Feild: ein echter Klassiker der modernen spirituellen Literatur und eines der großen Selbstzeugnisse mystischer Sinnsuche, das in den vergangenen vierzig Jahren weltweit Hunderttausende von Lesern beeindruckt hat.

In dieser packend erzählten Geschichte begleiten wir einen jungen Engländer auf seiner abenteuerlichen Suche nach der wirklichen Bedeutung des Lebens und den allerletzten Wahrheiten. Unter der Führung des geheimnisvollen Antiquitätenhändlers Hamid, der sich im Laufe dieses ›metaphysischen Roadmovies‹ als ein strenger spiritueller Lehrer entpuppt, entwickelt sich Reshads Interesse an den Derwischen des Nahen Ostens zu einer äußeren wie inneren Entdeckungsreise zu heiligen Stätten, weisen Menschen und tiefen Einsichten in die Wirklichkeit der Welt. Unter härtesten Prüfungen, die sein westliches Denken erschüttern, wird er in die inneren Lehren des Sufismus eingeführt und mit den Geheimnissen des Atems, der spirituellen Bedeutung der Jungfrau Maria und den gemeinsamen Wurzeln der jüdischen, christlichen und islamischen Traditionen vertraut gemacht. Schritt für Schritt beginnt er, die Heiligkeit allen Lebens zu verstehen, und erfährt die Liebe als die Erste Ursache der Schöpfung, bevor ihm schließlich die Erkenntnis der Einheit des Seins gewährt wird.

»Eine eloquente Orchestrierung, die von sehr hoher Kreativität zeugt« (*The Times*). »Wenn Sie sich für die Weisheit dieses Buches öffnen, wird es Ihr Leben verändern« (Ellen Burstyn).

ISBN 978-3-942914-11-6
216 Seiten